HIPPOCRENE LANGUAGE STUDIES

ROMANIAN GRAMMAR

HIPPOCRENE LANGUAGE STUDIES

ROMANIAN GRAMMAR

Hoffman, Christina.

HIPPOCRENE BOOKS
New York

Table of Contents

Abbreviation List

Acc.	*accusative*
comp. past	*compound past*
Cond.	*conditional*
Dat.	*dative*
dim.	*diminutive*
F/Fem.	*feminine*
Gen.	*genitive*
imperf.	*imperfect*
Ind.	*indicative*
M/Masc.	*masculine*
N.	*neuter*
Nom.	*nominative*
p.	*person*
pl.	*plural*
pp.	*pluperfect*
pres.	*present*
sg.	*singular*
Subj.	*subjunctive*
Voc.	*vocative*

1. Nouns

Gender

On the basis of their grammatical structure, Romanian nouns are divided into three classes (traditionally called genders): **masculine, feminine,** and **neuter.** The form of the indefinite article that accompanies a noun and the ending of the noun indicates the gender to which the noun belongs.

Masculine nouns take a consonant plus **-u, -e,** or **-i** endings and the plural is marked by a final **-i.** The **indefinite articles** for masculine nouns are **un** for singular and **nişte** for plural. Since **nişte** is also the plural form for feminines and neuters, the way Romanians clearly identify the gender of nouns is by placing a cardinal numeral in front of the noun. (The Romanian cardinal numerals one (**un, o**) and two (**doi, două**) agree in gender and number with the noun that follows.) The **definite articles** are all inflected. Most singular masculine nouns end in **-l,** plural **-i.**

Article	Masc. Singular	Masc. Plural
Indefinite	<u>un</u> bărbat	<u>nişte</u>/<u>doi</u> bărbaţi
	<u>un</u> fiu	<u>nişte</u>/<u>doi</u> fii
	<u>un</u> munte	<u>nişte</u>/<u>doi</u> munţi
	<u>un</u> pui	<u>nişte</u>/<u>doi</u> pui
Definite	bărbat(u)l	bărbaţii
	fiul	fiii
	muntele	munţii
	puiul	puii

Feminine nouns end in **-a, -e, -ea, -a.** Plurals are marked by **-le, -e** or **-i** endings. The **indefinite articles** for feminine nouns are **o** for singular and **nişte** for plural. The definite articles are **-a** for singular and **-le** for plural.

1

Article	Fem. Singular	Fem. Plural
Indefinite	o cafea	nişte/două cafele
	o fată	nişte/două fete
	o femeie	nişte/două femei
Definite	cafeaua	cafelele
	fata	fetele
	femeia	femeile

In form, the **Neuter** appears as **masculine singular and feminine plural**.

Article	Neuter Singular	Neuter Plural
Indefinite	un autobuz	nişte/două autobuze
	un hotel	nişte/două hoteluri
Definite	autobuzul	autobuzele
	hotelul	hotelurile

Declension

Romanian is an inflected language, with endings on all nouns according to their usage in the sentence. Even though there are five cases (**Nominative, Genitive, Dative, Accusative** and **Vocative**), the Nominative and Accusative have identical endings, and so do the Genitive and Dative. Therefore, within each gender, there are two main endings, in singular and plural form. (Vocative is only used with proper names and has been replaced with the Nom.-Acc. form on most occasions.)

Each case would be defined as follows:

Nom.: subject case (person or thing that generates an action):

Domnul Spencer lucrează la Departamentul de Stat.
Mr. Spencer works for the Department of State.

Zăpada a acoperit tot orașul peste noapte.
The snow covered the whole city overnight.

Gen.: possessive case (English "of" and " 's" structures); also limited prepositional case:

Capitala **Americii** este Washington. (*possessive*)
The capital of America is Washington.

Biroul **domnului Popescu** este la etajul zece. (*possessive*)
Mr. Popescu's office is on the tenth floor.

Nori negri treceau **deasupra orașului**. -- prepositional case
Black clouds were passing above the city.

Dat.: recipient of message/action case (English "to whom")

Transmite-i, te rog, salutări **doamei Andreescu!**
Please say hello to Mrs. Andreescu!

Acc.: prepositional and direct object case

Sîmbătă am fost **la film**, apoi **la restaurant**. -- prepositional case
On Saturday we went to the movies, then to a restaurant.

Am trecut pe la libărie și mi-am cumpărat **o carte** interesantă.
(*direct object*)
I dropped by the bookstore and I bought an interesting book.

L-am văzut pe Ion la bibliotecă. (*direct object & prepositional case*)
I saw John at the library.

Note: *In the last example, I ____ pe Ion is the direct object,* la bibliotecă *is the prepositional case. See 'Direct Object', p. 48.*

Voc.:   *order, command*

          Vino aici, **fetițo**, stai jos!
          *Come here, **little girl**, sit down!*

In most cases, however, the Vocative was replaced with more familiar forms:

          Poftiți, **doamnă**, serviți-vă! (*Nom. indefinite form for Voc.*)
          *Please, **Madam**, help yourself!*

          Doamna Ionescu, aș vrea să vă întreb ceva. (*Nom. definite form for Voc.*)
          ***Mrs.** Ionescu, I'd like to ask you something.*

Masculine nouns remain more conservative in the Vocative form:

          Domnule (Ionescu), vă rog completați acest formular. (*Voc. form*)
          Sir (Mr. Ionescu), please fill out this form.

*Since dictionaries provide the Nom.-Acc. form, the simplest way to figure out the remaining **Gen.-Dat.** is by keeping in mind the so called* **Gen. - Dat.** *triangle:*

          Masc. sg.   **-ui**   *Fem. sg.*   **-ei / -ii**
          (bărbatul<u>ui</u>)   (fet<u>ei</u>, feme<u>ii</u>)

               Masc., Fem. pl. **-lor**
               (bărbați<u>lor</u>, fete<u>lor</u>, femei<u>lor</u>)

To form the masculine singular Gen.-Dat., add -ui to the singular definite form:

bărbat /bărbatul / bărbatului
fiu / fiul / fiului
munte / muntele / muntelui

Note: When the -ui ending is preceded by a vowel, as in 'muntele+ui', that vowel is dropped while the Gen.-Dat. ending remains intact.

To form the feminine singular Gen.-Dat., add -ei / -ii to the plural indefinite form:

fată / fete / fetei
femeie / femei / femeii
cafea / cafele / cafelei
cofetărie / cofetării / cofetăriei

To form the masculine and feminine plural Gen.Dat., add -lor to the plural indefinite form:

bărbat / bărbaţi / bărbaţilor
fiu / fii / fiilor
munte / munţi / munţilor

fată / fete / fetelor
cafea / cafele / cafelelor
cofetărie / cofetării / cofetăriilor

The proper nouns also form their Gen.-Dat. depending on gender. The pattern for masculine nouns is '**lui** + *proper noun*':

lui Andrei
lui Răzvan
lui Mihai

Feminine proper nouns, which in Romanian have mostly -a endings, follow the general rule of forming the Gen.-Dat. for feminine nouns:

Corina / Corinei
Angela / Angelei
Dora / Dorei

Feminine nicknames with endings other than -a, and foreign names, follow the masculine pattern:

lui Ani
lui Cristi
lui Ingrid
lui Agnes

2. Adjectives

Adjectives in Romanian are much different from adjectives in English. Adjectives agree with nouns in gender, number and case. Unlike in English, the typical place for an adjective in a sentence is **after the noun**, not in front of it. Whenever an adjective preceeds a noun, the intention is purely emphatic. Adjectives may have **one** or **two main endings**, the latter being more frequent.

Adjectives with two endings:

bun *(masc. sg.)*, bună *(fem. sg.)*
buni *(masc. pl.)*, bune *(fem. pl.)*   good

vechi, veche,
vechi *(masc. and fem. pl)*   old *(for inanimate objects only)*

bătrîn, bătrînă
bătrîni, bătrîne   old *(for animate objects only)*

nou, nouă
noi   new

tînăr, tînără
tineri, tinere   young

Note: There is a usage peculiarity for **tînăr/bătrîn** *(young /old)*. Whenever one refers to a younger /older sibling, the adjective is **mic** *(small)*, not **tînăr**, and **mare** *(big)*, not **bătrîn**:

Sora mea mai mică este profesoară, cea mai mare, doctoriţă.
My youngest sister is a teacher, my oldest one, a medical doctor.

frumos, frumoasă
frumoşi, frumoase   beautiful

inteligent, inteligentă
inteligenţi, inteligente   intelligent, smart

Some adjectives are derived from verbal past participles:

a cunoaşte → cunoscut (past participle)
    cunoscut, cunoscută
    cunoscuţi, cunoscute   *well-known*

a aprecia → apreciat
    apreciat, apreciată
    apreciaţi, apreciate   *appreciated (person, work)*

Adjectives with one ending *(better known as 'adjectives with sg. -e ending'):*

rece *(masc. and fem. sg.)*
reci *(masc. and fem. pl.)*   *cold*

fierbinte
fierbinţi   *hot, heated*

iute
iuţi   *hot, spicy*

dulce
dulci   *sweet*

limpede
limpezi   *clear*

mare
mari   *big*

verde
verzi   *green*

Some adjectives, most of them neologisms or names of colors, have the same form for all genders and numbers:

cumsecade = *kind, helpful, nice (for people only)*
    atroce = *atrocious*
        eficace = *efficient*
            bleu = *light blue*
                gri = *gray*
                    lila = *lavender*
                        maro = *brown*
                            olive = *olive green*
                              vernil = *light green*

Degrees of Comparison:

Positive:	inteligent	*intelligent, smart, bright*
Comparative:	mai inteligent decît / ca	*more intelligent than*
	mai puţin inteligent decît / ca	*less intelligent than*
	la fel de inteligent ca	*as intelligent as*
Superlative:	cel mai inteligent	*the most intelligent*
	foarte / extraordinar de	
	inteligent	*very intelligent*

In a noun-adjective structure, the adjective agrees with the noun in gender and number. The G.-D. ending always applies to the first word of the structure, be it the noun or the adjective.

Note that the G.-D. singular and plural for the feminine second term of a noun- adjective or adjective-noun structure looks like either a singular G.-D. that lost its final vowel or a plural N.-Ac. (See chart below)

	Singular	Plural
Masc. N-Ac	bărbat inteligent inteligent bărbat	bărbaţi inteligenţi inteligenţi bărbaţi
Masc. G-D	bărbatului inteligent inteligentului bărbat	bărbaţilor inteligenţi inteligenţilor bărbaţi
Fem. N-Ac	femeie inteligentă inteligentă femeie	femei inteligente inteligente femei
Fem. G-D	femeii inteligente inteligentei femei	femeilor inteligente inteligentelor femei

Examples:

Clădirea ONU este foarte impunătoare.
The U.N. building is very impressive.

Domnul Ralea şi-a oferit serviciile unei companii de comerţ bine cunoscute.
Mr. Ralea offered his services to a well-known trade company.

În ultima vreme s-a discutat mult despre arhitectura noii şcoli.
There was a lot of talk lately about the architecture of the new school.

Still in the adjective category are several **expressions** that function as adjectives and never change their form. Most of the time these expressions refer to human qualities:

de încredere = trustworthy
    fără scrupule = unscrupulous
        cu capul pe umeri = level-headed
            cu capul plecat = humble
                cu nasul pe sus = full of himself/herself; vain

3. Adverbs

Adverbs describe actions, and therefore appear next or close to verbs. Adverbs are generally not inflected. Some follow the same degree of comparison rules as adjectives. Others could take the form of diminutives because of emotional involvement in conversation. Some adverbs are simple, others are compound:

cînd = when
  unde = where
    cum = how
      acasă = at home
        aseară = last night
          atunci = then
            ieri = yesterday
              mîine = tomorrow
                duminică = on Sunday
                duminica = every Sunday
                  niciodată = never
                    românește (englezește, frantuzește, italienește, nemțește, etc.) = in Romanian, ...etc.
                      încetișor(dim.) = slowly

pe de rost = by heart
  din nou = again
    o dată = once
      din cînd în cînd = sometimes
        așa-și-așa = so and so
          pe neașteptate = unexpectedly
            (in)totdeauna = always
              mai ales = especially

11

Many adverbs and adjectives look alike. The mechanism for forming degrees of comparison is identical to the one described for adjectives. The form of the adverb always remains masculine, singular, and indefinite. These adverbs correspond to the English '-ly' adverbs.

frumos = beautifully
   rar = slowly
      repede = quickly
         tare = strongly, loudly
            rece = coldly
               cald = warmly
                  interesant = with interest
                     plăcut = pleasantly

Examples of paired adjectives and adverbs:

Adjectives	Adverbs
Astăzi vremea e frumoasă. *Today the weather is nice.*	Este frumos astăzi. *It's nice today.*
Copacii erau foarte rari. *The trees were quite scarce.*	Românii din Transilvania vorbesc foarte rar. *(The) Romanians from Transylvania speak very slowly.*
O ploaie rece a căzut peste oraş. *A cold rain fell over the city.*	Domnul Anton le-a vorbit rece. *Mr. Anton spoke to them coldly.*

4. Pronoun

The most frequently used Romanian pronouns are **personal, possessive, relative,** and **demonstrative.** Since the grammar is derived from Latin, pronouns fall into case patterns, just like nouns. Latin-derived unstressed pronouns, as opposed to the stressed ones, increase the number of pronouns currently in use.

In the category of **personal pronouns,** there are three different degrees of politeness when referring to a second or third person. While the **'tu'** form is extremely familiar and therefore used only when addressing family members, close friends, and children, it may be considered an insult if addressed to people who do not fall into these categories. The **'dumneata', 'dînsul',** and **'dînsa'** forms are appropriate when addressing coworkers, support people, and acquaintances. **'Dumneavoastră'** is the safest -- official and polite -- form of addressing anyone over the age of twenty.

sg.	*1st p.*	eu *(I)*	*pl.*	noi *(we)*
	2nd p.	tu *(you)*		voi *(you)*
		dumneata *(you)*		dumneavoastră *(you)*
		dumneavoastră *(you)*		dumneavoastră *(you)*
	3rd p.	el *(he)*		ei *(they)*
		dînsul *(he)*		dînşii *(they)*
		dumnealui *(he)*		dumnealor *(they)*
		ea *(she)*		ele *(they)*
		dînsa *(she)*		dînsele *(they)*
		dumneaei *(she)*		dumnealor *(they)*

These personal pronouns are considered *'main'* or *'stressed'* pronouns, and they are quite easy to remember. Unfortunately, because of the verb endings that often indicate the subject of the sentence, **the main pronouns are omitted while 'unstressed' pronouns, which appear in rather peculiar forms, have a much higher frequency in the language.**

The next chart includes main personal pronouns (without the polite forms) and their unstressed forms.

1st p. Sg.	N	eu	Pl.	noi
	G			
	D	mie, îmi, mi		nouă, ne, ne, ni
	Ac	pe mine, mă, m		pe noi, ne
2nd p. Sg.	N	tu	Pl.	voi
	G			
	D	ţie, îţi, ţi		vouă, vă, v, vi
	Ac	pe tine, te		pe voi, vă, v
	V	tu!		voi!
3rd p. Sg.	N	el	Pl.	ei
		ea		ele
	G			
	D	lui, îi, i		lor, le, le, li
		ei, îi, i		lor, le, le, li
	Ac	pe el, îl, l		pe ei, îi, i
		pe ea, o		pe ele, le

As in the above chart, *in the Dative case* (mie, îmi, mi / nouă, ne, ni / ţie, îţi, ţi / vouă, vă, vi, v / lui, îi, i / lor, le, li / ei, îi, i / lor, le, li) *the pronouns appear in front of the verb, regardless of the verb mood or tense:*

- The first pronoun (mie) is used for emphasis and may be omitted, while the rest of the pronouns are mandatory, appearing in different verb tense combinations.

> (Mie) îmi place baclavaua.
> *I like baclava.*

- The second pronouns (îmi, îţi, îi, ne, vă) appear in combinations with the Indicative present, imperfect, future (with 'voi'), simple past, and pluperfect tenses.

Îmi face plăcere să merg pe jos. *(Ind. pres.)*
I like to walk.

Îţi plăcea să mergi la expoziţii în România? *(Ind. imperf.)*
Did you enjoy going to exhibits in Romania?

Îi voi da cartea mîine. *(Ind. future with "voi")*
I will give him/her the book tomorrow.

La început vă displăcuse ideea, dar acum păreţi mulţumiţi. *(Ind. pp)*
At the beginning you had disliked the idea, but now you seem to be content.

- The third pronominal forms (mi, ţi, i, ne, v, le) are linked to Indicative compound past and Conditional.

Daniela mi-a telefonat acasă. *(Ind. comp. past)*
Daniela called me at home.

Ţi-aş oferi o cafea dacă ai timp. *(Cond. pres.)*
I would offer you a coffee if you had the time.

- The fourth pronominal forms (ni, vi, li) are linked to impersonal/generic verbs.

Ni s-a spus că, din cauza zăpezii, putem pleca acasă.*(Ind.comp. past)*
We were told that, due to the snow, we may go home.

All pronouns in the Accusative case follow the same pattern. However the feminine singular (o) appears before most verbs, but comes after compound indicative verbs and after conditional verbs.

O întîlnesc pe Mihaela în fiecare dimineaţă, la metrou. *(Ind. pres.)*
I meet Michelle every morning at the subway (stop).

Am întîlnit-o pe Mihaela la stația de metrou. *(Ind. comp. past)*
I met Michelle at the subway stop.

Cînd o întîlnisem în București, Anca era studentă. *(Ind. pp.)*
When I had met Anca in Bucharest, she was a student.

Dacă aş vedea-o pe Anca, probabil că nu aş recunoaşte-o. *(Cond.)*
If I saw Anca, I would probably not recognize her.

Normally, in natural speech, many pronouns occur together depending on verb specifications.

Examples:

(Mie) îmi place foarte mult primăvara, nu mi-a plăcut niciodată vara.
(As for myself) I like spring very much, I never liked summer.

Dacă ne aduceți cîteva cărți, timpul ni se va părea mai scurt.
If you bring us some books, the time will seem to us shorter/we will pass the time easier.

Acum mă cheamă Alexandra Voicu, în facultate m-a chemat Alexandra Matei.
Now I am called AlexandraVoicu; at the university I was called Alexandra Matei.

Ar fi bine să ne telefonați sîmbătă.
It would be good to call us on Saturday.

Ți-am spus să vii oricînd îți convine.
I told you to come whenever it's convenient to you.

V-am trimis o scrisoare săptămîna trecută şi vă trimit încă una azi.
I sent you a letter last week and I('ll) send you one more today.

Dacă aşa vi s-a spus, probabil că e corect.
If this is the way you were told, it is probably correct.

Lui Dan i-am cumpărat o cravată, Elenei îi cumpăr un fular.
I bought a tie for Dan (and) I('ll) buy a scarf for Elena.

Anul trecut l-am invitat la Institut pe domnul Ambasador, anul acesta o invităm pe doamna Consul General.
Last year we invited the American Ambassador to the Institute; this year we('ll) invite the Consul General.

Cînd îi vedeţi pe Popeşti, transmiteţi-le, vă rog, salutări de la noi.
When you see the Popescus, please say hello from us.

Dacă le întîlniţi pe surorile Orleanu, invitaţi-le la ziua Ruxandrei. Nu-l uitaţi nici pe fratele lor.
If you meet the Orleanu sisters, invite them to Ruxandra's birthday. And don't forget their brother.

Prima dată i-am văzut pe fotbaliştii români la Madrid.
The first time I saw the Romanian soccer players was in Madrid.

Imediat ce îi contactaţi pe prietenii dumneavoastră, spuneţi-le că se apropie o avalanşă.
As soon as you contact your friends, tell them that an avalanche is coming.

Note: *When present in the sentence, the noun that was doubled by unstressed pronouns has been underlined.*

The **possessive pronouns/adjectives** agree in gender and number with the 'possessed object' and in number with the 'possessor'. Depending on the gender and number of the possessed object, four main forms (masc. and fem. sg. and pl.) are available for each of the three persons:

1st person

Masc. Sg	meu	Fem. Sg.	mea
Masc. Pl.	mei	Fem. Pl.	mele

Examples:

cîinele meu	=	my dog (masc. sg)
cîinii mei	=	my dogs (masc. pl)
pisica mea	=	my cat (fem. sg.)
pisicile mele	=	my cats (fem. pl)

2nd person

Masc. Sg.	tău / dumitale / dumneavoastră	Fem. Sg.	ta / dumitale / dumneavoastră
Masc. Pl.	tăi / dumitale / dumneavoastră	Fem. Pl.	tale / dumitale / dumneavoastră

While the second person possessives function very much like the first person pronouns, notice the three degrees of politeness.

3rd person

Masc. Sg.	său / (dumnea)lui	Fem. Sg.	sa / (dumnea)ei
Masc. Pl.	săi / (dumnea)lui	Fem. Pl.	sale / (dumnea)ei

The agreement in number with the 'possessor' works as in English:

cîinele meu = *my dog* cîinele lui = *his dog*
cîinele nostru = *our dog* cîinele ei = *her dog*

The possessive pronoun replaces a noun, indicating the idea of possession. The possessive markers are:

al *(masc., sg.)* **ai** *(masc., pl)*
a *(fem., sg.)* **ale** *(fem., pl.)*

Examples:

Maşina mea e Ford, ca şi **a dumneavoastră.**
My car is a Ford, just like yours.

Numele meu este românesc, **al lui** e american.
My name is Romanian; his is American.

Copiii noştri sînt la şcoală, unde sînt **ai dumneavoastră?**
Our children are at school; where are yours?

Cărţile mele sînt în limba română, **ale ei** sînt în engleză.
My books are in Romanian; hers are in English.

As shown in the above examples, the possessive markers (**al, a ai, ale**) *change structures like 'my + noun' into 'mine', in which the possessive pronoun refers to a previously mentioned noun.*

19

In interrogative questions, the **interrogative-relative pronoun** replaces the words that are expected as an answer to the question being asked. These pronouns are:

> **care** = which, that
> **cine** = who
> **ce** = what
> **cît** = how much / many

'Care', 'cine' and 'cît' follow the noun declension rules and, with the exception of 'cine', also have different forms for masculine and feminine:

care

Case	Gender	Number	Pronoun	Number	Pronoun
Nom.- Acc.	M/F/N	Sg.	care	Pl.	care
Gen.	M		(al, a, ai, ale) cărui(a)		(al, a, ai, ale) căror(a)
	F		(al, a, ai, ale) cărei(a)		(al, a, ai, ale) căror(a)
Dat.	M/N		căruia		cărora
	F		căreia		cărora

Examples:

<u>Care</u> este mai completă, prima ediţie sau a doua? (Nom.)
Which is more complete, the first edition or the second?

Profesoara <u>care</u> a luat cuvîntul este de la Universitatea Bucureşti. (Nom.)
The professor **that** took the floor is from University of Bucharest.

Colega <u>al cărei</u> soţ este francez a plecat la Paris. (Gen.)
The colleague **whose** husband is French has left for Paris.

Au venit la petrecere toţi <u>prietenii</u> <u>cărora</u> le-am trimis invitaţii. (Dat.)
All my friends to **whom** I sent invitations came to the party.

Nu mă pot hotărî pe care rochie să o cumpăr. (Acc.)
I can't decide which dress I should buy.

cine

Case	Pronoun
Nom.-Acc.	cine
Gen.	(al, a, ai, ale) cui
Dat.	cui

Examples:

Pentru cine bat clopotele. (Acc.)
For whom the bells toll.

Nu sînt sigură cui să-i dau acest cadou: fetei sau băiatului? (Dat.)
I'm not sure whom I should give this present: to the girl or to the boy?

Am găsit un bilet pe birou, dar nu știu al cui este. (Gen.)
I found a note on my desk, but I don't know whose it is.

'Ce' *has only one form and is usually translated as 'what'.*

Examples:

Ce crezi că are de gînd Dana?
What do you think Dana has in mind?

Nu știu ce să mai cred.
I don't know what to think any more.

Ce s-a'ntîmplat?
What happened? / What's going on? / What's up?

The clarification question **'Ce?'** (What?) is perceived as being terribly impolite, and therefore should never be used as such. **'Poftim?'** or **'Poftiți?'** are the polite forms.

cît

Case	Singular		Plural	
	Gender	Pronoun	Gender	Pronoun
N - Ac	M/N	cît	M	cîți
	F	cîtă	F/N	cîte
G - D			M/F/N	cîtor

Examples:

Nu sînt sigur <u>cît</u> trebuie să așteptăm.
*I'm not sure **how much** (time) we should wait.*

<u>Cîte</u> kilograme de mere?
***How many** kilos of apples?*

<u>Cîtă</u> <u>miere</u> folosiți la prăjitura asta?
***How much** honey do you use for this pastry?*

<u>Cîtor</u> <u>studenți</u> le-ați dat nota maximă?
***To how many** students have you given the highest grade?*

Aside from their regular use, relative pronouns appear in many high frequency idiomatic expressions such as:

în ceea <u>ce</u> mă privește	*as far as I'm concerned*
din <u>cîte</u> am auzit	*from what I've heard*
din <u>cîte</u> știu	*from what I know*
Să vedem <u>care</u> pe <u>care</u>!	*Let's see who wins! (i.e. the outcome of a debate, fight, etc.)*
<u>Ce</u> să fac?!	*What can I do?*
<u>Cine</u> știe?!	*Who knows?*
<u>Ce</u> s-a'ntimplat?	*What's up?, What happened?, What's going on?*

The **demonstrative pronoun** replaces a noun while indicating closeness or distance in space or time. When accompanying a noun, it functions as an adjective, and agreement between the noun and the adjective is required. In form, demonstrative adjectives appear to be indefinite, while demonstrative pronouns are definite.

Masc.	Nom.-Acc.	Sg.	acest *(this)*	Pl.	aceşti *(these)*
	Gen.-Dat.		acestui		acestor
Fem.	Nom.-Acc.		această * *(this)*		aceste *(these)*
	Gen.-Dat.		acestei		acestor
Masc.	Nom.-Acc.		acel *(that)*		acei *(those)*
	Gen.-Dat.		acelui		acelor
Fem.	Nom.-Acc.		acea ** *(that)*		acele *(those)*
	Gen.-Dat.		acelei		acelor

All these forms become definite by adding an -**a** at the end.

Exceptions: *   această → aceasta
           **   acea → aceea

As an adjective, the demonstrative could be placed either before or after the noun, the first possibility being easier to use and more frequent. The English version of both variants is identical.

Demonstrative - Noun combinations:

Nom. - Acc.:   *indefinite demonstrative + indefinite noun*
Gen. - Dat.:   *modified demonstrative + indefinite noun*

Noun - Demonstrative combinations:

Nom. - Acc.:   *definite noun + definite demonstrative*
Gen. - Dat.:   *modified noun + modified demonstrative*

23

Examples:

Acest student este american.*(Nom.)*   **Studentul acesta** este american.

This student is American.

Am discutat deja cu **acest student**.(Acc.)   Am discutat deja cu **studentul acesta**.

I already talked to this student.

Cărţile **acestui student** sînt noi.*(Gen.)*   Cărţile **studentului acestuia** sînt noi.

This student's books are new.

I-am dat cărţile **acestui student**. *(Dat.)*   I-am dat cărţile **studentului acestuia**.

I (We) gave the books to this student.

In the second category, for reasons easy to understand, speakers of Romanian tend to simplify the Gen.-Dat. demonstratives by eliminating the Gen.-Dat. inflection:

studentului acestuia ⟶ studentului acesta

More pronouns

The English expressions 'the same' and 'the same one (s)' are rendered in Romanian by the definite demonstrative pronoun acela / aceea + şi:

Case/Number	Masc.	Fem.
Nom.-Acc. Sg	acelaşi	aceeaşi
Gen.-Dat. Sg.	aceluiaşi	aceleiaşi
Nom.-Acc. Pl.	aceiaşi	aceleaşi
Gen.-Dat. Pl.	aceloraşi	aceloraşi

Examples:

24

Avem aceleaşi intenţii, dar nu acelaşi modus operandi.
We have the same intentions, but not the same modus operandi.

Anul acesta oferim acelaşi curs de limbă ca şi anul trecut.
This year we offer the same language course as last year.

Vara aceasta nu s-au mai acordat burse aceloraşi studenţi ca anul trecut.
Scholarships were not granted to the same students this summer as last year.

As above, the pronoun always precedes the noun and agrees with it, as do demonstratives in similar positions. (see Demonstrative Pronouns, p. 23).

Indefinite Pronouns replace a noun without providing any specific information about the replaced noun. The most-used indefinite pronouns are:

cineva (*G-D* cuiva) =	*someone*
ceva =	*something*
oricine (*G-D* oricui) =	*anyone*
orice =	*anything*
fiecare (*G-D* fiecărui) =	*each, every*
alt, alta	
alţi, alte =	*other*

Negative Pronouns

nimeni (G-D nimănui) =	*nobody*
nimic =	*nothing*

Pronouns of Emphasis

însumi, însămi	
înşişi, însele =	*myself, themselves*

5. Numerals

The Numerals, simple or compound, follow rather regular patterns:

1	(unu)
2	(doi)
3	(trei)
4	(patru)
5	(cinci)
6	(şase)
7	(şapte)
8	(opt)
9	(nouă)
10	(zece)
11	(unsprezece / written and oral /, unşpe /oral only /)
12	(doisprezece, doişpe)
13	(treisprezece, treişpe)
14	(paisprezece, paişpe)
15	(cinsprezece, cinşpe)
16	(şaisprezece, şaişpe)
17	(şaptesprezece, şapteşpe)
18	(optsprezece, optîşpe)
19	(nouăsprezece, nouăşpe)
20	(douăzeci)
21	(douăzeci şi unu)
22	(douăzeci şi doi)...
30	(treizeci)
40	(patruzeci)
50	(cin(ci)zeci)
60	(şaizeci)
70	(şaptezeci)
80	(optzeci)
90	(nouăzeci)
100	(o sută)

| 101 | (o sută unu) |
| 102 | (o sută doi)... |

| 200 | (două sute) |
| 300 | (trei sute)... |

| 1.000 | (o mie) |
| 2.000 | (două mii) |

| 1.000.000 | (un milion) |
| 2.000.000 | (două milioane) |

| 1.000.000.000 | (un miliard) |
| 2.000.000.000 | (două miliarde) |

In Romanian there a two basic numeric structures:

Numeral (1-19) + Noun:

trei studenţi,
şapte cărţi,
unsprezece ziare,
nouăsprezece lei

Numeral (20 to 999999...) + de + Noun:

douăzeci	de	studenţi
treizeci şi cinci	de	cărţi
o sută şaptezeci	de	ziare
două mii	de	lei

27

Unlike the rest of the numerals, the number '1' has a more complicated status:

- *When next to a noun, it is identical with the indefinite article (see pages 1-2).*

Case	Masc. & Neuter	Fem.
N - Ac.	un	o
G - D	unui	unei

Examples:

Am cumpărat **o** singură <u>carte</u> pe care i-am dat-o **unui** <u>student</u>.
I bought only one book which I gave to a/one student.

- *Sometimes this numeral has a 'pronoun' value.*

Case	Masc. & Neuter	Fem.
N - Ac.	unul	una
G - D	unuia	uneia

Examples:

Cît despre studenți, **unul** a plecat deja la București și **una** e pe drum.
As for our students, one has already left for Bucharest, and one is on her way.

While the numeral '1' has become a pronoun, with all the inflections of pronouns, the numeral '2' only has a feminine form. Compound numerals containing '1' or '2' as their last digit follow the same rules.

Am fost la masă cu **doi** <u>americani</u> și **două** <u>nemțoaice</u>.
We went out to lunch/dinner with two American men and two German ladies.

The ordinal numerals are also divided by gender /number:

1. **primul (întîiul) - prima (întîia)** = *the first (masc. and fem. sg.)*
   primii - primele = *the first (masc. and fem. pl.)*

2. **al doilea - a doua** = *the second (masc. and fem. sg.)*

3. **al treilea - a treia** = *the third (masc. and fem. sg.)*

4. **al patrulea - a patra** = *the fourth (masc. and fem. sg.), etc.*

'Primul' and 'prima' excluded, all the other ordinal numerals receive:

'al' + cardinal numeral + '-lea' *for masculine singular*

'a' + cardinal numeral + '-a' *for feminine singular.*

The plural forms for masculine and feminine are rarely used.

Examples:

În primul rînd, vreau să vă mulțumesc pentru ospitalitate.
First of all (in the first place) I would like to thank you for your hospitality.

Aceasta a fost a cincea carte a Rodicăi Ojog Brașoveanu.
This was Rodica Ojog Brasoveanu's fifth book.

Prietenul nostru a terminat cursa al doilea.
Our friend finished the race in second place.

6. Verb

The **verb** is the core of any sentence. Without a verb, there may be elliptic interrogations, and rhetorical exclamations, but not complete sentences. Romanian verbs fall into three categories:

- **auxiliary verbs**

- **regular verbs**

- **irregular verbs**

The 3 Romanian **auxiliary verbs** (a fi = to be, a avea = to have, a voi = to want) appear in combination with main verbs as part of a compound mood or tense. They can also stand by themselves, as main verbs.

A fi = to be

Indicative Present:
eu	(nu)	sînt
tu	(nu)	eşti
el /ea	(nu)	este
noi	(nu)	sîntem
voi	(nu)	sînteţi
ei /ele	(nu)	sînt

Indicative Imperfect:
eu	(nu)	eram
tu	(nu)	erai
el / ea	(nu)	era
noi	(nu)	eram
voi	(nu)	eraţi
ei / ele	(nu)	erau

Indicative Compound Past *(with auxiliary verb* **a avea** *in simplified form):*

eu	(nu)	am fost
tu	(nu)	ai fost
el / ea	(nu)	a fost
noi	(nu)	am fost
voi	(nu)	aţi fost
ei / ele	(nu)	au fost

Indicative Future *(with auxiliary verb* **a voi** *in simplified form):*

Formal			Informal		
eu	(nu)	voi fi	eu	(nu)	o să fiu
tu	(nu)	vei fi	tu	(nu)	o să fii
el / ea	(nu)	va fi	el / ea	(nu)	o să fie
noi	(nu)	vom fi	noi	(nu)	o să fim
voi	(nu)	veţi fi	voi	(nu)	o să fiţi
ei / ele	(nu)	vor fi	ei / ele	(nu)	or să fie

The **Subjunctive** *usually follows an active verb:*

eu	(nu)	~să fiu
tu	(nu)	~să fii
el / ea	(nu)	~să fie
noi	(nu)	~să fim
voi	(nu)	~să fiţi
ei /ele	(nu)	~să fie

Conditional:

eu	(nu)	aş fi
tu	(nu)	ai fi
el / ea	(nu)	ar fi
noi	(nu)	am fi
voi	(nu)	aţi fi
ei / ele	(nu)	ar fi

Past Participle: fost

Gerund: fiind

A avea = to have

Indicative Present:
eu (nu) am
tu (nu) ai
el /ea (nu) are
noi (nu) avem
voi (nu) aveți
ei / ele (nu) au

Indicative Imperfect:
eu (nu) aveam
tu (nu) aveai
el /ea (nu) avea
noi (nu) aveam
voi (nu) aveați
ei / ele (nu) aveau

Indicative Compound Past:
eu (nu) am avut
tu (nu) ai avut
el / ea (nu) a avut
noi (nu) am avut
voi (nu) ați avut
ei / ele (nu) au avut

Indicative Future:

Formal		Informal	
eu (nu)	voi avea	eu (nu)	o să am
tu (nu)	vei avea	tu (nu)	o să ai
el / ea (nu)	va avea	el / ea (nu)	o să aibă
noi (nu)	vom avea	noi (nu)	o să avem
voi (nu)	veți avea	voi (nu)	o să aveți
ei / ele (nu)	vor avea	ei / ele (nu)	or să aibă

32

Subjunctive:

eu (nu) ~să am
tu (nu) ~să ai
el / ea (nu) ~să aibă
noi (nu) ~să avem
voi (nu) ~să aveţi
ei / ele (nu) ~să aibă

Conditional:

eu (nu) aş avea
tu (nu) ai avea
el / ea (nu) ar avea
noi (nu) am avea
voi (nu) aţi avea
ei /ele (nu) ar avea

Past Participle: avut

Gerund: avînd

The verb 'a voi' appears as an auxiliary verb in the future Indicative (see conjugation of the verbs 'a fi' and 'a avea'). When used as an active verb, meaning 'to want', another verb is preferred: 'a vrea' (see Verb Index below).

Note: In confirmation-type interrogative sentences, Romanian, unlike English, uses an _invariable_ confirmation segment: 'nu-i aşa?'

Examples:

I-aţi invitat şi pe prietenii dumneavoastră, **nu-i aşa?**
You've invited your friends too, _haven't you?_

Sînteţi americani, **nu-i aşa?**
You are Americans, _aren't you?_

Vreţi să vedeţi un film american, **nu-i aşa?**
You want to watch an American movie, _don't you?_

33

There are four groups of **regular verbs**:

Group I: -**a** ending (Infinitive):   a lucr<u>a</u> (to work), a vizit<u>a</u> (to visit), a leg<u>a</u> (to tie), a declar<u>a</u> (to declare)

Group II: -**ea** ending (Infinitive):   a ved<u>ea</u> (to see), a plăc<u>ea</u> (to like), a păr<u>ea</u> (to seem), a căd<u>ea</u> (to fall)

Group III: -**e** ending (Infinitive):   a decid<u>e</u> (to decide), a fac<u>e</u> (to do, make), a plîng<u>e</u> (to cry)

Group IV: -**i** / -**î** ending (Infinitive):   a cit<u>i</u> (to read), a prim<u>i</u> (to receive), a dorm<u>i</u> (to sleep), a hotăr<u>î</u> (to decide), a ur<u>î</u> (to hate), a cobor<u>î</u> (to go down [the mountain, the stairs, etc.])

Groups I and IV are very rich and productive. They contain all the verbs formed in Romanian, as well as neologisms.
Groups II and III are non-productive, retaining only verbs from Latin.

Group I -- Indicative Present Diagram

--	a cînta cînt	-ez	a lucra lucrez
-i	cînţi	-ezi	lucrezi
-ă	cîntă	-ează	lucrează
-m	cîntăm	-m	lucrăm
-ţi	cîntaţi	-ţi	lucraţi
-ă	cîntă	-ează	lucrează

34

Groups II and III-- Indicative Present Diagram

--	a vedea (II) văd	a face (III) fac
-i	vezi	faci
-e	vede	face
-m	vedem	facem
-ţi	vedeţi	faceţi
--	văd	fac

Group IV -- Indicative Present Diagram

--	a dormi dorm	-esc	a citi citesc	--	a coborî cobor	-ăsc	a hotărî hotărăsc
-i	dormi	-eşti	citeşti	-i	cobori	-ăşti	hotărăşti
-e	doarme	-eşte	citeşte	-ă	coboară	ăşte	hotătăşte
-m	dormim	-m	citim	-m	coborîm	-m	hotărîm
-ţi	dormiţi	-ţi	citiţi	-ţi	coborîţi	-ţi	hotărîţi
--	dorm	-esc	citesc	-ă	coboară	-ăsc	hotărăsc

As illustrated in the diagrams, the classification of a verb is not always a clear indication of its conjugation. The way verbs are listed in Romanian includes the first person singular of the present Indicative (i.e., a lucra is an -ez verb). The safest way to figure out the whole conjugation of a verb is by memorizing a few important forms:

a lucra

Ind. Pres., 1st pers.	lucrez
Subj., 3rd pers.	să lucreze
Past Participle	lucrat
Short Infinitive	lucra

Once these forms have been memorized, all verbs follow a regular pattern:

Indicative Present:
lucrez, lucrezi, lucrează, lucrăm, lucrați, lucrează
Example: Lucrez la Departamentul de Stat.
I work for the State Department.

Indicative Imperfect *(stem of the verb + -am, ai, -a, -am, -ați, -au):*
lucram, lucrai, lucra, lucram, lucrați, lucrau
Example: Cînd lucram la o școală publică, aveam zece-cinsprezece elevi în clasă.
When I was working for a public school, I had ten-fifteen students in a class.

Indicative Compound Past *(am, ai, a, am, ați, au + Past Participle of the main verb):*
am lucrat, ai lucrat, a lucrat, am lucrat, ați lucrat, au lucrat
Example: În Franța ați lucrat la Ambasadă sau la Consulat?
In France did you work at the Embassy or in the Consulate?

Indicative Future *(o + Subjunctive or voi, vei, va, vom, veți, vor + Short Infinitive):*
o să lucrez, o să lucrezi, o să lucreze, o să lucrăm, o să lucrați, or să lucreze
voi lucra, vei lucra, va lucra, vom lucra, veți lucra, vor lucra
Example: Cînd veți merge în România, o să vizitați Castelul lui Dracula.
When you (will) go to Romania, you will visit Dracula's Castle.

Subjunctive *(identical with Indicative pres., except for the 3rd person, sg. and pl.):* să
lucrez, să lucrezi, să lucreze, să lucrăm, să lucrați, să lucreze
Example: Vreți să mergeți la film sau la teatru?
Do you want to go to the movies or to the theater?

Conditional *(aș, ai, ar, am, ați, ar + Short Infinitive):*
aș lucra, ai lucra, ar lucra, am lucra, ați lucra, ar lucra
Example: V-ar interesa un proiect la care ați lucra cu plăcere?
Would you be interested in a project you would really like to do?

Gerund *(stem of the main verb + -înd)*
lucrînd
Example: V-am văzut <u>lucrînd</u> şi nu v-am deranjat.
I saw you working and I didn't bother you.

Note: Some moods and tenses whose frequency in the language is low have been omitted.

Direct and Indirect Reflexive Verbs

The action of the reflexive verbs reflects upon the author of the action rather than on the object of the action. When a direct reflexive verb is used, its action refers to the subject of the sentence, as an entity, as a person/animate object. The indirect reflexive verbs also refer to the subject, but in a different way. The focus of the action is something that belongs to the subject, not the subject itself. Most verbs that are considered reflexive could, in fact, be active, direct reflexives, and indirect reflexives. Sometimes, depending on the reflexive pronoun used, the meaning of the verb changes too.

Examples:

Active Verb: a duce *(to carry)*
Mîine duc <u>cărţile</u> la bibliotecă.
Tomorrow I'll take the books to the library.

Direct Reflexive Verb: a se duce *(to go, to carry yourself to...)*
Vara mă duc la piscină în fiecare zi.
In the summer I go to the pool every day.

Indirect Reflexive Verb: a-şi duce *(to carry)*
Imi duc <u>hainele</u> la curăţat de două ori pe lună.
I take my clothes to the cleaners twice a month.

As a rule,

- active verbs may or may not be followed by a direct object:
  Nu plîng uşor.
  I don't cry easily.

Cunosc istoria Europei foarte bine.

I know the history of Europe very well .

- **direct reflexive verbs are never followed by a direct object:**
Imediat ce mă scol, pregătesc cafeaua.
As soon as I get up, I fix the coffee.

- **indirect reflexive verbs are always followed by a direct object:**
Îmi spăl mașina în fața casei fără probleme.
I wash my car in front of the house without any problems.

Note: Some English speakers use a direct object and a possessive pronoun for 'my car' ('Mașina mea'). However, this is a mistake in Romanian. The correct form is illustrated: 'Îmi spăl mașina' or even 'Spăl mașina.' The assumption is that the subject of the sentence would normally wash his/her own car, not somebody else's, therefore the possessive pronoun is understood.

Direct and Indirect Reflexive Verbs (Sample)

a se spăla *(to wash)*

Indicative Present:

mă /îmi	spăl
te / îți	speli
se / își	spală
ne	spălăm
vă	spălați
se / își	spală

Indicative Imperfect:

mă / îmi	spălam
te / își	spăla
se / își	spăla
ne	spălam
vă	spălați
se / își	spălau

Indicative Compound Past:

m- /mi-	am spălat
te- / ţi-	ai spălat
s- / şi-	a spălat
ne-	am spălat
v-	aţi spălat
s- / şi-	au spălat

Indicative Future:

Direct Reflexives

mă	voi spăla	o să mă	spăl
te	vei spăla	o să te	speli
se	va spăla	o să se	spele
ne	vom spăla	o să ne	spălăm
vă	veţi spăla	o să vă	spălaţi
se	vor spăla	or să se	spele

Indirect Reflexives:

îmi	voi spăla	o să-mi	spăl
îţi	vei spăla	o să-ţi	speli
îşi	va spăla	o să-şi	spele
ne	vom spăla	o să ne	spălăm
vă	veţi spăla	o să vă	spălaţi
îşi	vor spăla	or să-şi	spele

Subjunctive (Direct and Indirect Reflexives):

~ să mă / -mi	spăl
~ să te / -ţi	speli
~ să se / -şi	speli / spele
~ să ne	spălăm
~ să vă / -şi	spălaţi / spele
~ să se / -şi	spele

Conditional:

m- / mi-	aş spăla
te- / ţi-	ai spăla
s- /şi-	ar spăla
ne-	am spăla
v-	aţi spăla
s- /şi-	ar spăla

Gerund: spălîndu / -se / -şi

Active verb	Direct Reflexive Verb	Indirect Reflexive Verb
a convinge *to persuade*	a se convinge *to convince oneself*	a-şi convinge (prietenii) *to convince/persuade one's friends*
a corecta *to correct*	a se corecta *to correct oneself*	a-şi corecta (greşelile) *to correct one's own mistakes*
a culca *to put to bed*	a se culca *to go to sleep*	a-şi culca (copiii) *to put one's own children to bed*
a cunoaşte *to know*	a se cunoaşte (pe sine) *to know oneself*	a-şi cunoaşte (interesul) *to know own's interest*
a dedica *to dedicate*	a se dedica *to dedicate oneself to*	a-şi dedica (eforturile) *to dedicate one's own efforts to*
a duce *to take, carry*	a se duce *to go*	a-şi duce (colegii la) *to take colleagues to*
a face *to do, make*	a se face *to become*	a-şi face (cafea) *to make one's own coffee*

a îmbrăca	a se îmbrăca	a-şi îmbrăca (copiii)
to dress	to dress oneself	to dress one's children

a încuia	a se încuia	a-şi încuia (dosarele)
to lock	to lock oneself	to lock own files

a îngriji	a se îngriji	a-şi îngriji (plantele)
to care for	to care for one's own health, appearance	to care for one's own plants

a întreba	a se întreba	a-şi întreba (vecinii)
to ask (a question)	to ask oneself	to ask one's own neighbors

a lăuda	a se lăuda (pe sine)	a-şi lăuda (marfa)
to praise	to praise oneself	to praise one's own merchandise

a pierde	a se pierde	a-şi pierde (răbdarea)
to lose	to lose your way	to lose patience

a plictisi	a se plictisi	a-şi plictisi (audienţa)
to bore, annoy	to get bored	to annoy the audience

a plimba (ursul!)	a se plimba	a-şi plimba (cîinele)
to go away	to walk	to walk one's own dog

a plînge	a se plînge	a-şi plînge (confraţii)
to cry	to complain	to cry for one's buddies

a purta	a se purta	-----
to carry, wear, bear	to behave, act	

a reface	a se reface	a-şi reface (forţele)
to redo	to recover	to recover

a retrage	a se retrage	a-şi retrage (plîngerea)
to withdraw	*to withdraw*	*to withdraw (the complaint)*

a spăla	a se spăla	a-şi spăla (maşina)
to wash	*to wash oneself*	*to wash one's own car*

a tăia	a se tăia	a-şi tăia ('sandwiciul')
to cut	*to cut oneself*	*to cut one's own sandwich*

a trezi	a se trezi	a-şi trezi (vecinii)
to wake someone up	*to wake up*	*to wake the neighbors up*

a uita	a se uita	a-şi uita (cărţile acasă)
to forget	*to look at*	*to leave books at home*

Few verbs are used exclusively as direct reflexives:

a se plimba = *to take a walk*
a se preface = *to pretend*

Some other verbs come in active -- indirect reflexive pairs:

a aduce aminte	a-şi aduce aminte
to remind	*to remember*

a aminti	a-şi aminti
to remind	*to remember*

a pierde	a-şi pierde (timpul)
to lose	*to waste time*

a cumpăra	a-şi cumpăra
to buy	*to buy for oneself*

a lua	a-şi lua
to take, get	*to get something for oneself*

42

a aduce	a-şi aduce
to bring	*to bring something for oneself*

Examples:

Am adus cîteva cărţi româneşti pentru studenţi. /active verb/
I brought some Romanian books for the students.

Mi-am adus cîteva cărţi de citit. /indirect reflexive verb/
I brought some of my books to read.

The indirect reflexive pronouns are also called 'possessive' pronouns because of their semantic function.

Use of Verb Moods and Tenses

Indicative* -- *action presented by the speaker as being real (the high frequency moods/tenses are marked with an asterisk).*

The Indicative has several tenses, some more frequent than others:

Present*:
> În fiecare zi orele încep la nouă.
> *Classes start at 9 o' clock every day.*

Imperfect* *(continuous action that took place in the past):*
> Cînd era studentă, mergea des la discotecă.
> *When she was a student, she used to go to the disco often.*

Compound Past* *(past action, limited in length):*
> Cînd era studentă, a mers la discotecă numai o dată.
> *When she was a student, she only went to the disco once.*

Future (Formal) *:
> Cînd veţi merge în România, o să vedeţi mai multe.
> *When you (will) go to Romania, you will see more.*

Pluperfect *(past action completed before another past action):*
> Vă trimisesem deja scrisoarea cînd mi-aţi dat telefon.
> *I had already sent you the letter when you called.*

Simple past *(literary or dialectal tense that describes a recent past action):*
> Răzvan doar plecă.
> *Razvan just left.*

Subjunctive* -- *an action that is possible; second verb in a group of two verbs.*

Present*:
> Să vedem ce se va întîmpla!
> *Let's see what will happen!*

44

Aş vrea să beau o cafea.
I would like to drink a coffee.

The Subjunctive, as a second verb in a sentence, appears frequently after verbs such as: a vrea (to want), a plăcea (to like), a prefera (to prefer), a ruga (to ask); it also appears after several expressions:

e uşor să	*it is easy to*
e dificil /greu să	*it is difficult / hard to*
e o plăcere să	*it is a pleasure to*
e plictisitor să	*it is boring to*
e normal să	*it is normal to*
e (ne)plăcut să	*it is (un)pleasant to*

Past Tense*:
Mi-ar fi plăcut să fi văzut 'Casablanca' cînd s-a discutat acest film.
I would have liked to have seen 'Casablanca' when the movie was discussed.

Conditional* -- action whose accomplishment depends on a condition

Present Tense*:
Aş merge la film dacă aş avea timp.
I would go to the movies if I had the time.

Past Tense:
Aş fi mers la film dacă aş fi avut timp.
I would have gone to the movies if I had had the time.

Note: In their attempt to simplify the language, Romanian speakers often replace the Conditional with Indicative forms:

~~Aş merge~~ Merg la film dacă ~~aş avea~~ am timp.
~~Aş fi mers~~ Mergeam la film dacă ~~aş fi avut~~ aveam timp.

45

Imperative* -- *action that expresses an order, command, or request*
Daţi-mi, vă rog, un bilet pentru spectacolul de la ora 7.
Please give me a ticket for the 7 o'clock show.

Nu vă deranjaţi, mă descurc singur.
Don't bother, I can take care of this myself.

Infinitive* -- *used, in its short form, after one verb:* 'a putea'
Nu pot înţelege ce s-a întîmplat.
I cannot understand what happened.

Past Participle* -- *used in some compound verb tenses (Indicative compound past is the most frequently used)*
Cînd am văzut că plouă, mi-am luat umbrela.
When I realized it was raining, I took my umbrella.

The past participle is frequently used **with a preposition**:

În week-end am mult de spălat.
Over the weekend I have a lot to wash.

Am dus hainele la curăţat.
I took my clothes to be cleaned.

Curînd trebuie să merg la tuns.
Soon I have to go get a haircut.

Gerund -- *unfolding action, without precise time reference*
Am văzut-o pe Andreea plecînd de acasă.
I saw Andrea leaving home.

Note: Unlike in English, the Gerund has low-frequency use in Romanian. Structures such as '**Running** *is a popular sport' would be translated* '**Alergatul** *este un sport popular' in which 'alergatul' is not a Gerund, but a noun drawn from a past participle:*
a alerga / alergat *(past participle)* / alergatul *(definite noun)*

Even though there is a clear definition of each mood and tense, sometimes easier or more convenient forms are used in place of the recommended ones.
Examples:

Plecam la munte dacă **aveam** bani.
I would have gone to the mountains had I had the money (if I had the money).

The recommended form would be:
Aş fi plecat la munte dacă **aş fi avut** bani.
using two past Conditionals in place of the much simpler Indicative imperfect. This form is usually found in written texts.

Vara aceasta **mergem** la munte şi la mare.
This summer we'll go to the mountains and to the sea.

The recommended form would be:
Vara aceasta **vom merge/o să mergem** la munte şi la mare.
(using either form of the Indicative future. The Indicative present however, does the job just as well.) This form is usually spoken rather than written.

Bogdan **a spus** că **va fi** acolo mîine.
Bogdan said that he would be there tomorrow.

The verb tense agreement for past tenses is not as strict as in English. The 'said' -- 'would' combination comes across in Romanian as 'a spus' (compound past) -- 'va fi' (future), simply because the action of the first sentence takes place in the past, while the action of the second sentence takes place in the future.

Note that some verbs require nouns/pronouns in the Dative case when one might expect the much simpler and more common Accusative case. Verbs such as 'a merge' (to walk), 'a lucra' (to work), 'a vizita' (to visit), 'a mînca' (to eat), 'a călători' (to travel), 'a completa' (to complete, finish, fill out), may or may not have a direct object whose case is always in the Accusative.

Examples:

Merg la servici în fiecare zi. *(NO direct object)*
I go to work every day.

Am vizitat <u>România</u> acum cîţiva ani. /<u>România</u> *(direct object)*
I visited Romania a few years ago.

(Eu) l-am vizitat pe Dan.
I   visited..............Dan.

*Note that in Romanian, when the direct object is a **person**, the structure of the sentence stresses the direct object double pronoun (l-....) as well as the direct object itself accompanied by 'pe':*

Îl văd pe <u>Dan</u>.	L-am văzut pe <u>Dan</u>
Îi văd pe <u>Dan şi Andrei</u>.	l-am văzut pe <u>Dan şi Andrei</u>.
O văd pe <u>Dana</u>.	Am văzut-o pe <u>Dana</u>.
	The direct object pronoun for feminine singular follows compound tense verbs instead of preceding the verb.
Le văd pe <u>Dana şi Corina</u>.	Le-am văzut pe <u>Dana şi Corina</u>.

Other verbs must have an indirect object whose case is always in the Dative.
Examples:
a da *(to give)*
   l-am dat <u>Mariei</u> cîteva cărţi.
   I gave Maria a few books.

Note: All compound verbs (some idiomatic expressions are excluded!) that contain
   'a da' follow the same pattern:

a da telefon *(to call on the phone)*
a da sfaturi *(to give advice)*
a da bacşiş *(to give a tip)*

a spune *(to say)*
  Le-am spus studenților că pot participa la această activitate.
  I told the students that they may take part in this activity.

a arăta *(to show)*
  Ghidul le-a arătat turiștilor cîteva manuscrise originale.
  The tour guide showed the tourists some original manuscripts.

a aduce *(to bring)*
  Data viitoare aduceți-mi, vă rog, certificatul de naștere.
  Next time, please bring me your birth certificate.

a duce *(to take)*
  O să-i duc Alexandrei bomboane și flori.
  I will take some candy and flowers to/for Alexandra.

a trimite *(to send)*
  Le-am trimis vederi prietenilor mei.
  I sent postcards to my friends.

a mulțumi *(to thank)*
  I-am mulțumit lui Dan pentru felicitare.
  I thanked Dan for the greeting card.

a scrie *(to write)*
  I-am scris o scrisoare vecinei mele din Vermont.
  I wrote a letter to my neighbor in Vermont.

a citi *(to read)*
  I-ai citit povestea fetiței?
  Did you read the story to your little girl?

Except for **'a mulțumi'**, *all these verbs accept a direct object as well as an indirect object that indicates the direction or destination of the action.*

a plăcea *(to like)*
　　Îmi place să beau <u>apă minerală</u>.
　　I like to drink mineral water.
　　Îmi plac foarte mult <u>florile tropicale</u>.
　　I like tropical flowers very much.

Note: In this latter example 'îmi place' is followed by singular direct objects; 'îmi plac' is followed by plural direct objects.

Widely used verbs that do not exactly fit into any of the above categories are:

mi-e, ţi-e, îi e, ne e, vă e, le e + 　foame = *I'm, you are...hungry*
　　　　　　　　　　　　　　　　sete = *thirsty*
　　　　　　　　　　　　　　　　cald = *hot*
　　　　　　　　　　　　　　　　frig = *cold*
　　　　　　　　　　　　　　　　frică = *afraid*
　　　　　　　　　　　　　　　　ruşine = *ashamed*
　　　　　　　　　　　　　　　　jenă = *embarrassed*

Unipersonal and Impersonal Verbs

The conjugation of these verbs is characterized by the presence of only one person: 3rd person singular:

plouă = *it rains*
ninge = *it snows*
tună = *it's thundering*

se spune că = *it is said that*
se afirma că = *it is stated that*
se aude că = *it is rumored that*

The expression 'have to', 'must' = 'trebuie' is also unipersonal.

Examples:

　　Trebuie să merg la serviciu.
　　I have to go to work.

Cînd **trebuie** să aveţi raportul gata?
When must you have the report done?

Trebuie să plec.
I've got to go.

The **Irregular Verbs** display stem variations when they are conjugated. The most used ones are:

Short Infinitive	Past Participle	Subj., 3rd p.	Indicative Present
da *(give)*	dat	dea	dau, dai, dă, dăm, daţi, dau
mînca *(eat)*	mîncat	mănînce	mănînc, mănînci, mănîncă, mîncăm, mîncaţi, mănîncă
bea *(drink)*	băut	bea	beau, bei, bea, bem, beţi, beau
putea *(can)*	putut	poată	pot, poţi, poate, putem, puteşi, pot
da *(give)*	dat	dea	dau, dai, dă, dăm, daţi, dau
lua *(take)*	luat	ia	iau, iei, ia, luăm, luaţi, iau
sta *(stay)*	stat	stea	stau, stai, stă, stăm, staţi, stau

7. Prepositions

Most prepositions, whether they are simple or compound, require the Accusative case:

la	at
pe	on
în	in
cu	with
pentru	for
lîngă	beside
sub	under
peste	over
înspre	toward
despre	about, etc.

Some prepositions, however, most of them in definite-like form, require the Gen.-Dat. case:

în jurul	around
în faţa	in front of
contra, împotriva	against
asupra	about
deasupra	over
graţie, mulţumită	thanks to
datorită	because of
din cauza	due to

As illustrated, some of the Gen.-Dat. prepositions have corresponding Accusative counterparts: despre (Acc.) / asupra (Gen.-Dat.):

Examples:

Să vă spun cîte ceva **despre** <u>această problemă</u>. *(Acc.)*
Să vă spun cîte ceva **asupra** <u>acestei probleme</u>. *(Gen.-Dat.)*
Let me tell you something about this issue.

The preposition **'datorită'** *should always be used* <u>with positive statements,</u> *while* **'din cauza'** *should be used* <u>with negative statements.</u>

Examples:

Am terminat facultatea la timp **datorită** <u>bursei</u> pe care am obţinut-o în ultimul an.
I graduated from the university in time because of the grant I obtained in my senior year

Din cauza <u>vremii ploioase</u>, nu am putut merge la pic-nic.
Due to the rainy weather, we couldn't go to the picnic.

While the abstract meaning of the prepositions is easy to memorize, as soon as they are used in a syntactic context, the logic of using a certain preposition and not another may become difficult to figure out. An American could be **on** *the plane; a Romanian is always* **in** *the plane. (The use of the Romanian equivalent of* **'on'***, in this context, would place the person* <u>on top of</u> *the plane.)*

In English, prepositions are frequently not followed by a noun (e.g., 'get up', 'what are you looking at?', etc.). In Romanian, a preposition is always the first part of a two-word unit:

în <u>capitală</u> *(in the capital)*	**pe** <u>româneşte</u> *(in Romanian)*
la <u>Bucureşti</u> *(in/to Bucharest)*	**la** <u>telefon</u> *(on the phone)*
cu <u>mine</u> *(with me)*	**în** <u>avion</u> *(on the plane)*

The intention behind this **Reference Grammar** *was to present the most frequent grammatical features used by educated Romanians. Structures that are known to have given a hard time to English speakers learning Romanian have been expanded and illustrated by comparison / contrast with English.*

INDEX - VERBS

A

abandon	părăsi, abandona
accompany	însoţi
accustom	obişnui
acquire, gain	dobîndi
add	adăuga, aduna (math)
admit, hospitalize	interna
adorn	împodobi
advise	sfătui
allow	lăsa
anger	supăra
annihilate	nimici, anihila
announce	anunţa
appear	apărea
approach	se apropia
arrange, adjust	potrivi
arrive	sosi, ajunge
ascend	urca
ask for, request	cere
ask (inquire)	întreba
ask (request)	ruga
assume	presupune
assure	asigura
attach	ataşa
attack	ataca
attend, be present, sit in, audit (a course)	asista
attend	frecventa
attract	atrage
await	aştepta
awaken	deştepta

B

bake	coace
base	întemeia
be	fi
be able, can, may	putea
be absent, lacking	lipsi

be bored	se plictisi
be born	se naşte
become	deveni
begin	începe
be glad	se bucura
beg	implora
believe	crede
be located	se afla
be satisfied, be full	se sătura
blow	sufla
boil	fierbe
border	mărgini
break	rupe, frîna, frînge
break, shatter	sparge
breathe	respira
breathe (easily)	răsufla
bribe	mitui
bring	aduce
browbeat	maltrata
build	clădi
burn	arde
burst	izbucni
buy	cumpăra

C

call	chema
calm down	linişti, astîmpăra
care for	îngriji
carry	duce
cash	încasa
catch	prinde
catch a cold	răci
change, exchange	schimba
change one's mind	se răzgîndi
charm, delight	încînta
check	controla
choke	se îneca
choose	alege
circulate	circula
claim	pretinde, revendica
clean	curăţa

close, shut	închide
collect, gather	aduna, culege
come	veni
come back, return	reveni
complain	se pînge
complete, graduate	absolvi
comprehend, excel in	se pricepe
comprise	cuprinde
conduct, direct	dirija
congratulate	felicita
conquer	cuceri
construct	construi
convince, persuade	convinge
cook	face mîncare (see 'face')
cooperate	coopera
count	numără (math), conta (on people, things)
cover	acoperi
create	crea
cross oneself	se închina
cry	plînge

D

dance	dansa
dare	îndrăzni, provoca
daub	mîzgăli
deafen	asurzi
decide	hotărî, decide
dedicate	dedica, închina
defend	apăra
deflate	dezumfla
delay	întîrzia
depart, leave	pleca
depend	depinde
deposit	depune
descend	coborî
describe	descrie
develop	dezvolta
die	muri
discover	descoperi
discuss	discuta

displace	strămuta
distinguish	distinge
disturb	deranja
dive	se scufunda
divide	împărţi, despărţi
divorce	divorţa
do, make	face
drain	scurge *(water)*, seca *(a lake)*
dream	visa
dress	îmbrăca
drink	bea
drive *(a car)*	conduce
drive mad, go mad	înnebuni
drizzle	burniţa
drown, sink	se îneca
dry	usca

E

eat	mînca
eliminate	lichida, elimina
embarrass	jena
embrace	îmbrăţişa
enchain	înlănţui
endow	înzestra
endure, stand	suporta
enhance	releva
enlighten	lumina
enter	intra
equip	echipa
erode, gnaw	roade
err, make mistakes	greşi
escape	scăpa, evada *(from prison)*
establish	instaura, stabili
exceed, surpass	depăşi
excuse	scuza
exercise	exersa
expect	aştepta
expel	expulza
express	exprima
extinguish	stinge
extract	extrage

F

fall	cădea
favor	favoriza
feel	simți
fertilize	îngrășa, fertiliza
fight	lupta, se bate
fill	umple
find	găsi
find out, learn (something new)	afla
fire (a person)	concedia
float, drift	pluti
flourish, bloom	înflori
fly	zbura
follow, come after	urma
follow, pursue	urmări
forbid	interzice
force	sili, forța
foresee, stipulate	prevedea
forget	uita
forgive	ierta
found	fonda, întemeia
fraternize	se înfrăți
fulfill, acquit	achita
fulfill	îndeplini
function	funcționa
furnish	mobila

G

gather	aduna
get aboard, ascend	se sui
get along	se împăca
get in, board	se urca
give	da
give (gifts)	dărui
glide, slide	aluneca
go	merge, se duce
go for a walk	se plimba
go out, come out	ieși
go to bed	se culca
go to sleep	adormi

go up, rise	urca
govern	guverna
grab	apuca
grant	acorda
grate (cheese, etc.)	rade
greet	saluta
grow	creşte
grumble	bombăni

H

happen	se întîmpla
harvest	recolta
have	avea
hear	auzi
heat, warm up	încălzi
help	ajuta
hesitate	ezita, pregeta
hijack (a plane)	deturna
hint, refer to	viza
hire, employ	angaja
hit, strike	lovi
hold	ţine
hold up (a bank)	jefui
honor	cinsti
hope	spera
hurry	se grăbi
hurt, ache	durea

I

improve	îmbunătăţi
increase	spori, mări
inherit	moşteni
inquire	întreba
insist	insista
interest	interesa
iron; walk (descriptive)	călca

J

join together	împreuna
jump	sări

K

keep	păstra
kidnap	răpi
kiss	săruta, pupa
know	cunoaşte, şti

L

labor, toil	munci
last	dura
laugh	rîde
launch, introduce	lansa
lay	aşterne
lead	conduce
learn; teach	învăţa
leave; start	porni
let, allow, leave (something)	lăsa
lie	minţi
light (fire, electric bulbs)	aprinde
listen	asculta
live	sta, locui, trăi
load	încărca
look at	privi
look for, seek	căuta
look, look at	se uita
lose	pierde
lose one's way	se rătăci
love	iubi
lull	îngîna

M

make	face
make peace	se împăca
manage	gospodări, conduce
marry	se căsători; se mărita (for females), se însura (for males)
matter	păsa
mean, signify	însemna
meet	întîlni
merge	se contopi
milk	mulge
misplace	rătăci

moan, groan	geme
move	mişca
move, relocate	se muta
multiply	înmulţi
murmur	murmura
mutter	bălmăji

N

name, call	numi
neighbor	învecina
note	nota
nurse	alăpta

O

obtain	obţine
occupy, be busy	ocupa
oil, grease	unge
open	deschide
oppress	oprima
order	porunci, ordona
overthrow	răsturna
overwhelm	copleşi

P

participate	participa
go through	păţi
pay	plăti
penetrate	pătrunde
perish	pieri
pierce	găuri
plan	planifica, plănui
play	se juca
play (a musical instrument)	cînta la
please	plăcea
plow	ara
pluck	pensa (*eyebrows*), jumuli (*birds*)
postpone	amîna
pour, shed (tears)	vărsa
practice	practica
praise	lăuda
preach	predica
prefer	prefera

prepare	pregăti
prescribe	prescrie
press, lean	apăsa
pretend	se preface
prey on	prăda
pride oneself	se mîndri
process	prelucra
promote	promova
pronounce	pronunţa
prove	dovedi
provide	aproviziona
provoke	stîrni, provoca
push	împinge
put in place	plasa
put out (fire, cigarette)	stinge
put, place, set	pune
puzzle	încurca

Q

quiet down	potoli, linişti

R

rain	ploua
raise, lift	ridica
read	citi
receive	primi
recommend	recomanda
record	înregistra
redden	înroşi
refer	se referi
regret	părea rău, regreta
rejuvenate	întineri
remain, stay	rămîne
remind	aminti
rent	închiria
repeat	repeta
replace	înlocui
request	cere
rescue, save	salva
research	cerceta
resemble; sow (plants)	semăna

respond, answer	răspunde
rest	se odihni
resume	relua
return	se întoarce
revive	reînvia
ride (a horse)	călări
ring, sound	suna
rise, get up	se scula
rise, spring up	răsări
rock	cutremura (violently); legăna (a baby)
rub	freca
run	alerga
rustle	foşni

S

save, economize	economisi
say, tell	spune, zice
score	înregistra
scorn	dispreţui
sculpt	sculpta
see	vedea
see again, revise	revedea
seem, appear	părea
sell	vinde
separate	despărţi, separa
settle down	se stabili
sew	coase
shake; shake hands	scutura; da mîna (see 'da')
shave	se rade
shine, glitter	luci, străluci
show, look	arăta
sign	semna
sing, play (a musical instrument)	cînta
sip	sorbi
sit down	sta jos
situate	aşeza
ski	schia
skim, scan	frunzări
skin	jupui
sleep	dormi
smart, sting	ustura

smell	mirosi
smile	zîmbi
smoke	fuma (*cigarettes*), afuma (*meat*)
snow	ninge
speak formally	rosti
speak, talk	vorbi
specify	preciza
spend	cheltui
spend, pass	petrece
spit	scuipa
spoil, ruin, corrupt	strica, corupe
spot, drip on	pica, păta
spread	răspîndi
squeeze	strînge
start	porni (*engine*), începe, se apuca de/să (+ *action*)
stay, stand, live (address)	sta
steal	fura
stick, paste	lipi
stock	aproviziona
stop	opri
stretch, extend	întinde
strive	se strădui
study	studia
succeed	reuşi
suffer	suferi
suffice	ajunge
swallow	înghiţi
swear	jura
sweat, perspire	transpira
swim	înota

T

take	lua
take apart	desface
take, carry	duce
take out	scoate
talk	vorbi, grăi
tarnish	păta
taste	gusta
taunt	înjura

tear	rupe
tear apart	sfîşia
tell	povesti *(story)*, spune
testify, confess	mărturisi
thank	mulţumi
think	gîndi
throw	arunca
thrust	împinge
tickle	gîdila
tie, fasten, connect	lega
tip	apleca
tire, fatigue	obosi
touch, reach	atinge
travel	călători
traverse, cross	străbate, traversa
try, attempt	încerca

U

undermine	submina
understand	înţelege, pricepe
unfasten	desface
unfold	desfăşura
unite	uni
unload	descărca
untie	descheia
use	folosi, uza

V

value	preţui
verify	verifica
violate	încălca

W

walk, travel	umbla, călători
want, wish	vrea
wash	spăla
weaken	slăbi
wear, bear, carry	purta
weave, braid	împleti
weep, cry	plînge
wet	uda
whistle	fluiera

wield, spin	învîrti
win, earn	cîştiga
wish, desire	dori
wonder, ask oneself	se întreba
wonder, be surprized	se mira
work	lucra
worsen	înrăutăţi
write	scrie

Y

yield	a da prioritate
yell, shout	striga

Short Infinitive	Past Participle	Subjunctive	Indicative Present
A			
abandona	abandonat	abandoneze	abandonez, abandonezi, abandonează, abandonăm, abandonaţi, abandonează
absolvi	absolvit	***	***
achita	achitat	achite	achit, achiţi, achită, achităm, achitaţi, achită
acoperi	acoperit	acopere	acopăr, acoperi, acoperă, acoperim, acoperiţi, acoperă
adăuga	adăugat	adauge	adaug, adaugi, adaugă, adăugăm, adăugaţi, adaugă
adormi	adormit	adoarmă	adorm, adormi, adoarme, adormim, adormiţi, adorm
aduce	adus	aducă	aduc, aduci, aduce, aducem, aduceţi, aduc
aduna	adunat	adune	adun, aduni, adună, adunăm, adunaţi, adună
afla	aflat	afle	aflu, afli, află, aflăm, aflaţi, află
afuma	afumat	afume	afum, afumi, afumă, afumăm, afumaţi, afumă
ajunge	ajuns	ajungă	ajung, ajungi, ajunge, ajungem, ajungeţi, ajung
ajuta	ajutat	ajute	ajut, ajuţi, ajută, ajutăm, ajutaţi, ajută
alăpta	alăptat	alăpteze	alăptez, alăptezi, alăptează, alăptăm, alăptaţi, alăptează

alege	ales	aleagă	aleg, alegi, alege, alegem, alegeţi, aleg
alerga	alergat	alerge	alerg, alergi, aleargă, alergăm, alergaţi, aleargă
aluneca	alunecat	alunece	alunec, aluneci, alunecă, alunecăm, alunecaţi, alunecă
amîna	amînat	amîne	amîn, amîni, amînă, amînăm, amînaţi, amînă
aminti	amintit	amintească	amintesc, aminteşti, aminteşte, amintim, amintiţi, amintesc
angaja	angajat	angajeze	angajez, angajezi, angajează, angajăm, angajaţi, angajează
anihila	anihilat	anihileze	anihilez, anihilezi, anihilează, anihilăm, anihilaţi, anihilează
anunţa	anunţat	anunţe	anunţ, anunţi, anunţă, anunţăm, anunţaţi, anunţă
apăra	apărat	apere	apăr, aperi, apără, apărăm, apăraţi, apără
apărea	apărut	apară	apar, apari, apare, apărem, apăreţi, apar
apăsa	apăsat	apese	apăs, apeşi, apasă, apăsăm, apăsţi, apasă
apleca	aplecat	aplece	aplec, apleci, apleacă, aplecăm, aplecaţi, apleacă
aprinde	aprins	aprindă	aprind, aprinzi, aprinde, aprindem, aprindeţi, aprind
apropia	apropiat	apropie	apropii, apropii, apropie, apropiem, apropiaţi, apropie

aproviziona	aprovizionat	aprovizioneze	aprovizionez, aprovizionaţi, aprovizionează, aprovizionăm, aprovizionaţi, aprovizionează
apuca	apucat	apuce	apuc, apuci, apucă, apucăm, apucaţi, apucă
ara	arat	are	ar, ari, ară, arăm, araţi, ară
arăta	arătat	arate	arăt, arăţi, arată, arătăm, arătaţi, arată
arde	ars	ardă	ard, arzi, arde, ardem, ardeţi, ard
arunca	aruncat	arunce	arunc, arunci, aruncă, aruncăm, aruncaţi, aruncă
asculta	ascultat	asculte	ascult, asculţi, ascultă, ascultăm, ascultaţi, ascultă
aşeza	aşezat	aşeze	aşez, aşezi, aşează, aşezăm, aşezaţi, aşează
asigura	asigurat	asigure	asigur, asiguri, asigură, asigurăm, asiguraţi, asigură
asista	asistat	asiste	asist, asişti, asistă, asistăm, asistaţi, asistă
aştepta	aşteptat	aştepte	aştept, aştepţi, aşteaptă, aşteptăm, aşteptaţi, aşteaptă
aşterne	aşternut	aştearnă	aştern, aşterni, aşterne, aşternem, aşternţi, aştern
astîmpăra	astîmpărat	astîmpere	astîmpăr, astîmperi, astîmpără, astîmpărăm, astîmpăraţi, astîmpără
asurzi	asurzit	asurzească	asurzesc, asurzeşti, asurzeşte, asurzim, asurziţi, asurzesc
ataca	atacat	atace	atac, ataci, atacă, atacăm, atacaţi, atacă

ataşa	ataşat	ataşeze	ataşez, ataşezi, ataşează, ataşăm, ataşaţi, ataşează
atinge	atins	atingă	ating, atingi, atinge, atingem, atingeţi, ating
atrage	atras	atragă	atrag, atragi, atrage, atragem, atrageţi, atrag
auzi	auzit	audă	aud, auzi, aude, auzim, auziţi, aud
avea	avut	aibă	am, ai, are, avem, aveţi, au

B

bălmăji	bălmăjit	bălmăjească	bălmăjesc, bălmăjeşti, bălmăjeşte, bălmăjim, bălmăjiţi, bălmăjesc
bate	bătut	bată	bat, baţi, bate, batem, bateţi, bat
bea	băut	bea	beau, bei, bea, bem, beţi, beau
bombăni	bombănit	bombănească	bombănesc, bombăneşti, bombăneşte, bombănim, bombăniţi, bombănesc
se bucura	bucurat	bucure	bucur, bucuri, bucură, bucurăm, bucuraţi, bucură
burniţa	burniţat	burniţeze	burniţează

C

cădea	căzut	cadă	cad, cazi, cade, cădem, cădeţi, cade
călări	călărit	călărească	călăresc, călăreşti, călăreşte, călărim, călăriţi, călăresc
călători	călătorit	călătorească	călătoresc, călătoreşti, călătoreşte, călătorim, călătoriţi, călătoresc
călca	călcat	calce	calc, calci, calcă, călcăm, călcaţi, calcă

se căsători	căsătorit	căsătorească	căsătoresc, căsătoreşti, căsătoreşte, căsătorim, căsătoriţi, căsătoreşte
căuta	căutat	caute	caut, cauţi, caută, căutăm, căutaţi, caută
cerceta	cercetat	cerceteze	cercetez, cercetezi, cercetează, cercetăm, cercetaţi, cercetează
cere	cerut	ceară	cer, ceri, cere, cerem, cereţi, cer
cheltui	cheltuit	cheltuiască	cheltuiesc, cheltuieşti, cheltuieşte, cheltuim, cheltuiţi, cheltuiesc
chema	chemat	cheme	chem, chemi, cheamă, chemăm, chemaţi, cheamă
cinsti	cinstit	cinstească	cinstesc, cinsteşti, cinsteşte, cinstim, cinstiţi, cinstesc
cînta	cîntat	cînte	cînt, cînţi, cîntă, cîntăm, cîntaţi, cîntă
circula	circulat	circule	circul, circuli, circulă, circulăm, circulaţi, circulă
cîştiga	cîştigat	cîştige	cîştig, cîştigi, cîştigă, cîştigăm, cîştigaţi, cîştigă
citi	citit	citească	citesc, citeşti, citeşte, citim, citiţi, citesc
clădi	clăit	clădească	clădesc, clădeşti, clădeşte, clădim, clădiţi, clădesc
coace	copt	coacă	coc, coci, coace, coacem, coaceţi, coc
coase	cusut	coase	cos, coşi, coase, cusem, cuseţi, cos
coborî	coborît	coboare	cobor, cobori, coboară, coborîm, coborîţi, coboară

concedia	concediat	concedieze	concediez, concediezi, **concediaza,** concediem, concediaţi, **concediază**
conduce	condus	conducă	conduc, conduci, conduce, conducem, conduceţi, conduc
construi	construit	construiască	construiesc, construieşti, construieşte, construim, construiţi, construiesc
conta	contat	conteze	contez, contezi, contează, contăm, contaţi, contează
se contopi	contopit	contopească	contopesc (*3rd pers. pl.*)
controla	controlat	controleze	controlez, controlezi, controlează, controlăm, controlaţi, controlează
convinge	convins	convingă	conving, convingi, convinge, convingem, convingeţi, conving
coopera	cooperat	coopereze	cooperăm, cooperaţi, cooperează, cooperăm, cooperaţi, cooperează
copleşi	copleşit	copleşească	copleşesc, copleşeşti, copleşeşte, copleşim, copleşiţi, copleşesc
corupe	corupt	corupă	corup, corupi, corupe, corupem, corupeţi, corup
crea	creat	creeze	creez, creezi, creează, creăm, creaţi, creează
crede	crezut	creadă	cred, crezi, crede, credem, credeţi, cred
creşte	crescut	crească	cresc, creşti, creşte, creştem creşteţi, cresc
cuceri	cucerit	cucerească	cuceresc, cucereşti, cucereşte, cucerim, cuceriţi, cuceresc
se culca	culcat	culce	culc, culci, culcă, culcăm, culcaţi, culcă

culege	cules	culeagă	culeg, culegi, culege, culegem, culegeţi, culeg
cumpăra	cumpărat	cumpere	cumpăr, cmperi, cumpără, cumpărăm, cumpăraţi, cumpără
cunoaşte	cunoscut	cunoască	cunosc, cunoşti, cunoaşte, cunoaştem, cunoaşteţi, cunosc
cuprinde	cuprins	cuprindă	cuprind, cuprinzi, cuprinde, cuprindem, cuprindeţi, cuprind
curăţa	curăţat	cureţe	curăţ, cureţi, curăţă, curăţăm, curăţaţi, curăţă
se cutremura	cutremurat	cutremure	cutremur, cutremuri, cutremură, cutremurăm, cutremuraţi, cutremură

D

da	dat	dea	dau, dai, dă, dăm, daţi, dau
dansa	dansat	danseze	dansez, dansezi, dansează, dansăm, dansaţi, dansează
dărui	dăruit	dăruiască	dăruiesc, dăruieşti, dăruieşte, dăruim, dăruiţi, dăruiesc
depăşi	depăşit	depăşească	depăşesc, depăşeşti, depăşeşte, depăşim, depăşiţi, depăşesc
depinde	depins	depindă	depind, depinzi, depinde, depindem, depindeţi, depind
depune	depus	depună	depun, depui, depune, depunem, depuneţi, depun
deranja	deranjat	deranjeze	deranjez, deranjezi, deranjează, deranjăm, deranjaţi, deranjează
descărca	descărcat	descarce	descarc, descarci, descarcă, descărcăm, descărcaţi, descarcă

descheia	descheiat	descheie	deschei, deschei, descheie, descheiem, descheiaţi, descheie
deschide	deschis	deschidă	deschid, deschizi, deschide, deschidem, deschideţi, deschid
descoperi	descoperit	descopere	descopăr, descoperi, descoperă, descoperim, descoperiţi, descoperă
descrie	descris	descrie	descriu, descrii, descrie, descriem, descrieţi, descriu
desface	desfăcut	desfacă	desfac, desfaci, desface, desfacem, desfaceţi, desfac
desfăşura	desfăşurat	desfăşoare	desfăşor, desfăşori, desfăşoară, desfăşurăm, desfăşuraţi, desfăşoară
despărţi	despărţit	despartă	despart, desparţi, desparte, despărţim, despărţiţi, despart
deştepta	deşteptat	deştepte	deştept, deştepţi, deşteaptă, deşteptăm, deşteptaţi, deşteaptă
deturna	deturnat	deturneze	***
deveni	devenit	devină	devin, devii, devine, devenim, deveniţi, devin
dezumfla	dezumflat	dezumfle	dezumflu, dezumfli, dezumflă, dezumflăm, dezumflaţi, dezumflă
dezvolta	dezvoltat	dezvolte	dezvolt, dezvolţi, dezvoltă, dezvoltăm, dezvoltaţi, dezvoltă
dirija	dirijat	dirijeze	dirijez, dirijezi, dirijează, dirijăm, dirijaţi, dirijează
discuta	discutat	discute	discut, discuţi, discută, discutăm, discutaţi, discută

disprețui	disprețuit	disprețuiască	disprețuiesc, disprețuiești, disprețuiește, disprețuim, disprețuiți, disprețuiesc
distinge	distins	distingă	disting, distingi, distinge, distingem, distingeți, disting
divorța	divorțat	divorțeze	divorțez, divorțezi, divorțează, divorțăm, divorțați, divorțează
dobîndi	dobîndit	dobîndească	dobîndesc, dobîndești, dobîndește, dobîndim, dobîndiți, dobîndesc
dori	dorit	dorească	doresc, dorești, dorește, dorim, doriți, doresc
dormi	dormit	doarmă	dorm, dormi, doarme, dormim, dormiți, dorm
dovedi	dovedit	dovedească	dovedesc, dovedești, dovedește, dovedim, dovediți, dovedesc
duce	dus	ducă	duc, duci, duce, ducem, duceți, duc
dura	durat	dureze	durează (*3rd pers., sg and pl.*)
durea	durut	doară	(mă, te, îl / o, ne, vă, îi / le) doare

E

echipa	echipat	echipeze	echipez, echipezi, echipează, echipăm, echipați, echipează
economisi	economisit	economisească	economisesc, economosești, economisește, economisim, economisiți, economisesc
elimina	eliminat	elimine	elimin, elimini, elimină, eliminăm, eliminați, elimină
evada	evadat	evadeze	evadez, evadezi, evadează, evadăm, evadați, evadează

exersa	exersat	exerseze	exersez, exersezi, exersează, exersăm, exersaţi, exersează
exprima	exprimat	exprime	exprim, exprimi, exprimă, exprimăm, exprimaţi, exprimă
expulza	expulzat	expulzeze	*** expulzăm, expulzaţi, expulzează
extrage	extras	extragă	extrag, extragi, extrage, extragem, extrageţi, extrag
ezita	ezitat	ezite	ezit, eziţi, ezită, ezităm, ezitaţi, ezită

F

favoriza	favorizat	favorizeze	favorizez, favorizezi, favorizează, favorizăm, favorizaţi, favorizează
felicita	felicitat	felicite	felicit, feliciţi, felicită, felicităm, felicitaţi, felicită
fertiliza	fertilizat	fertilizeze	fertilizez, fertilizezi, fertilizează, fertilizăm, fertilizaţi, fertilizează
fi	fost	fie	sînt, eşti, este, sîntem, sînteţi, sînt
fierbe	fiert	fiarbă	fierb, fierbi, fierbe, fierbem, fierbeţi, fierb
fluiera	fluierat	fluiere	fluier, fluieri, fluieră, fluierăm, fluieraţi, fluieră
folosi	folosit	folosească	folosesc, foloseşti, foloseşte, folosim, folosiţi, folosesc
fonda	fondat	fondeze	*** fondăm, fondaţi, fondeze
forţa	forţat	forţeze	forţez, forţezi, forţează, forţăm, forţaţi, forţează
foşni	foşnit	foşnească	*** foşneşte, foşnesc

78

freca	frecat	frece	frec, freci, freacă, frecăm, frecați, freacă
frecventa	frecventat	frecventeze	frecventez, frecventezi, frecventează, frecventăm, frecventați, frecventează
frîna	frînat	frîneze	frînez, frînezi, frînează, frînăm, frînați, frînează
frînge	frînt	frîngă	frîng, frîngi, frînge, frîngem, frîngeți, frîng
frunzări	frunzărit	frunzărească	frunzăresc, frunzărești, frunzărește, frunzărim, frunzăriți, frunzăresc
fuma	fumat	fumeze	fumez, fumezi, fumează, fumăm, fumați, fumează
funcționa	funcționat	funcționeze	*** funcționează
fura	furat	fure	fur, furi, fură, furăm, furați, fură

G

găsi	găsit	găsească	găsesc, găsești, găsește, găsim, găsiți, găsesc
găuri	găurit	găurească	găuresc, găurești, găurește, găurim, găuriți, găuresc
geme	gemut	geamă	gem, gemi, geme, gemem, gemeți, gem
gîdila	gîdilat	gîdile	gîdil, gîdili, gîdilă, gîdilăm, gîdilați, gîdilă
gîndi	gîndit	gîndească	gîndesc, gîndești, gîndește, gîndim, gîndiți, gîndesc
gospodări	gospodărit	gospodărească	gospodăresc, gospodărești, gospodărește, gospodărim, gospodăriți, gospodăresc

grăbi	grăbit	grăbească	grăbesc, grăbeşti, grăbeşte, grăbim, grăbiţi, grăbesc
grăi	grăit	grăiască	grăiesc, grăieşti, grăieşte, grăim, grăiţi, grăiesc
greşi	greşit	greşească	greşesc, greşeşti, greşeşte, greşim, greşiţi, greşesc
gusta	gustat	guste	gust, guşti, gustă, gustăm, gustaţi, gustă
guverna	guvernat	guverneze	guvernez, guvernezi, guvernează, guvernăm, guvernaţi, guvernează

H

hotărî	horărît	hotărască	hotărăsc, hotărăşti, hotărăşte, hotărîm, hotărîţi, hotărăsc

I

ierta	iertat	ierte	iert, ierţi, iartă, iertăm, iertaţi, iartă
ieşi	ieşit	iasă	ies, ieşi, iese, ieşim, ieşiţi, ies
implora	implorat	implore	implor, implori, imploră, implorăm, imploraţi, imploră
instaura	instaurat	instaureze	instaurez, instaurezi, instaurează, instaurăm, instauraţi, instaurează
intra	intrat	intre	intru, intri, intră, intrăm, intraţi, intră
iubi	iubit	iubească	iubesc, iubeşti, iubeşte, iubim, iubiţi, iubesc
izbucni	izbucnit	izbucnească	izbucnesc, izbucneşti, izbucneşte, izbucnim, izbucniţi, izbucnesc

î

îmbrăca	îmbrăcat	îmbrace	îmbrac, îmbraci, îmbracă, îmbrăcăm, îmbrăcaţi, îmbracă
îmbrăţişa	îmbrăţişat	îmbrăţişeze	îmbrăţişez, îmbrăţişezi, îmbrăţişează, îmbrăţişăm, îmbrăţişaţi, îmbrăţişează
îmbunătăţi	îmbunătăţit	îmbunătăţească	îmbunătăţesc, îmbunătăţeşti, îmbunătăţeşte, îmbunătăţim, îmbunătăţiţi, îmbunătăţesc
împăca	împăcat	împace	împac, împaci, împacă, împăcăm, împăcaţi, împacă
împărţi	împărţit	împartă	împart, împarţi, împarte, împărţim, împărţiţi, împart
împinge	împins	împingă	împing, împingi, împinge, împingem, împingeţi, împing
împleti	împletit	împletească	împletesc, împleteşti, împleteşte, împletim, împletiţi, împletesc
împodobi	împodobit	împodobească	împodobesc, împodobeşti, împodobeşte, împodobim, împodobiţi, împodobesc
împreuna	împreunat	împreuneze	împreunez, împreunezi, împreunează, împreunăm, împreunaţi, împreunează
încălca	încălcat	încalce	încalc, încalci, încalcă, încălcăm, încălcaţi, încalcă
încălzi	încălzit	încălzească	încălzesc, încălzeşti, încălzeşte, încălzim, încălziţi, încălzesc
încărca	încărcat	încarce	încarc, încarci, încarcă, încărcăm, încărcaţi, încarcă
încasa	încasat	încaseze	încasez, încasezi, încasează, încasăm, încasaţi, încasează

începe	început	înceapă	încep, începi, începe, începem, începeţi, încep
încerca	încercat	încerce	încerc, încerci, încearcă, încercăm, încercaţi, încearcă
închide	închis	închidă	închid, închizi, închide, închidem, închideţi, închid
închina	închinat	închine	închin, închini, închină, închinăm, închinaţi, închină
închiria	închiriat	închirieze	închiriez, închiriezi, închiriază, închiriem, închiriaţi, închiriază
încînta	încîntat	încînte	încînt, încînţi, încîntă, încîntăm, încîntaţi, încîntă
încurca	încurcat	încurce	încurc, încurci, încurcă, încurcăm, încurcaţi, încurcă
îndeplini	îndeplinit	îndeplinească	îndeplinesc, îndeplineşti, îndeplineşte, îndeplinim, îndepliniţi, îndeplinesc
îndrăzni	îndrăznit	îndrăznească	îndrăznesc, îndrăzneşti, îndrăzneşte, îndrăznim, îndrăzniţi, îndrăznesc
se îneca	înecat	înece	înec, îneci, îneacă, înecăm, înecaţi, îneacă
înflori	înflorit	înflorească	*** înfloreşte, înfloresc
se înfrăţi	înfrăţit	înfrăţească	înfrăţesc, înfrăţeşti, înfrăţeşte, înfrăţim, înfrăţiţi, înfrăţesc
înghiţi	înghiţit	înghită	înghit, înghiţi, înghite, înghiţim, înghiţiţi, înghit
îngîna	îngînat	îngîne	îngîn, îngîni, îngînă, îngînăm, îngînaţi, îngînă

îngrăşa	îngrăşat	îngraşe	îngraş, îngraşi, îngraşă, îngrăşăm, îngrăşaţi, îngraşă
îngriji	îngrijit	îngrijească	îngrijesc, îngrijeşti, îngrijeşte, îngrijim, îngrijiţi, îngrijesc
înjura	înjurat	înjure	înjur, înjuri, înjură, înjurăm, înjuraţi, înjură
înlănţui	înlănţuit	înlănţuiască	înlănţuiesc, înlănţuieşti, înlănţuieşte, înlănţuim, înlănţuiţi, înlănţuiesc
înlocui	înlocuit	înlocuiască	înlocuiesc, înlocuieşti, înlocuieşte, înlocuim, înlocuiţi, înlocuiesc
înmulţi	înmulţit	înmulţească	înmulţesc, înmulţeşti, înmulţeşte, înmulţim, înmulţiţi, înmulţesc
înnebuni	înnebunit	înnebunească	înnebunesc, înnebuneşti, înnebuneşte, înnebunim, înnebuniţi, înnebunesc
înota	înotat	înoate	înot, înoţi, înoată, înotăm, înotaţi, înoată
înrăutăţi	înrăutăţit	înrăutăţească	înrăutăţesc, înrăutăţeşti, înrăutăţeşte, înrăutăţim, înrăutăţiţi, înrăutăţesc
înregistra	înregistrat	înregistreze	înregistrez, înregistrezi, înregistrează, înregistrăm, înregistraţi, înregistrează
înroşi	înroşit	înroşească	înroşesc, înroşeşti, înroşeşte, înroşim, înroşiţi, înroşesc
însemna	însemnat	însemne *(mean)* însemneze *(mark)*	însemn, însemni, înseamnă, însemnăm, însemnaţi, înseamnă însemnez, însemnezi, însemnează, însemnăm, însemnaţi, însemnează
insista	insistat	insiste	insist, insişti, insistă, insistăm, insistaţi, insistă

însoţi	însoţit	însoţească	însoţesc, însoţeşti, însoţeşte, însoţim, însoţiţi, însoţesc
însura	însurat	însoare	însor, însori, însoară, însurăm, însuraţi, însoară
întemeia	întemeiat	întemeieze	întemeiez, întemeiezi, întemeiază, întemeiăm, întemeiaţi, întemeiază
interesa	interesat	intereseze	(mă, te, îl / o, ne, vă, îi / le) interesează
interna	internat	interneze	internez, internezi, internează, internăm, internaţi, internează
interzice	interzis	interzică	interzic, interzici, interzice, interzicem, interziceţi, interzic
întîlni	întîlnit	întîlnească	întîlnesc, întîlneşti, întîlneşte, întîlnim, întîlniţi, întîlnesc
se întîmpla	întîmplat	întîmple	se întîmplă
întinde	întins	întindă	întind, întinzi, întinde, întindem, întindeţi, întind
întineri	întinerit	întinerească	întineresc, întinereşti, întinereşte, întinerim, întineriţi, întineresc
întîrzia	întîrziat	întîrzie	întîrzii, întîrzii, întîrzie, întîrziem, întîrziaţi, întîrzie
întoarce	întors	întoarcă	întorc, întorci, întoarce, întoarcem, întoarceţi, întorc
întreba	întrebat	întrebe	întreb, întrebi, întreabă, întrbăm, întrebaţi, întreabă
înţelege	înţeles	înţeleagă	înţeleg, înţelegi, înţelege, înţelegem, înţelegeţi, înţeleg

învăţa	învăţat	înveţe	învăţ, înveţi, învaţă, învăţăm, învăţaţi, învaţă
învecina	învecinat	învecineze	învecinez, învecinezi, învecinează, învecinăm, învecinaţi, învecinează
învîrti	învîrtit	învîrtească	învîrtesc, învîrteşti, învîrteşte, învîrtim, învîrtiţi, învîrtesc
înzestra	înzestrat	înzestreze	înzestrez, înzestrezi, înzestrează, înzestrăm, înzestraţi, înzestrează
J			
jefui	jefuit	jefuiască	jefuiesc, jefuieşti, jefuieşte, jefuim, jefuiţi, jefuiesc
jena	jenat	jeneze	(mă, te, îl / o, ne, vă, îi / le) jenează
juca	jucat	joace	joc, joci, joacă, jucăm, jucaţi, joacă
jumuli	jumulit	jumulească	jumulesc, jumuleşti, jumuleşte, jumulim, jumuliţi, jumulesc
jupui	jupuit	jupoaie	jupoi, jupoi, jupoaie, jupuim, jupuiţi, jupoaie
jura	jurat	jure	jur, juri, jură, jurăm, juraţi, jură
L			
lansa	lansat	lanseze	lansez, lansezi, lansează, lansăm, lansaţi, lansează
lăsa	lăsat	lase	las, laşi, lasă, lăsăm, lăsaţi, lasă
lăuda	lăudat	laude	laud, lauzi, laudă, lăudăm, lăudaţi, laudă
lega	legat	lege	leg, legi, leagă, legăm, legaţi, leagă
legăna	legănat	legene	legăn, legeni, leagănă, legănăm, legănaţi, leagănă

85

lichida	lichidat	lichideze	lichidez, lichidezi, lichidează, lichidăm, lichidaţi, lichidează
linişti	liniştit	liniştească	liniştesc, linişteşti, linişteşte, liniştim, liniştiţi, liniştesc
lipi	lipit	lipească	lipesc, lipeşti, lipeşte, lipim, lipiţi, lipesc
lipsi	lipsit	lipsească	lipsesc, lipseşti, lipseşte, lipsim, lipsiţi, lipsesc
locui	locuit	locuiască	locuiesc, locuieşti, locuieşte, locuim, locuiţi, locuiesc
lovi	lovit	lovească	lovesc, loveşti, loveşte, lovim, loviţi, lovesc
lua	luat	ia	iau, iei, ia, luăm, luaţi, iau
luci	lucit	lucească	luceşte, lucesc *(3rd p., sg. and pl.)*
lucra	lucrat	lucreze	lucrez, lucrezi, lucrează, lucrăm, lucraţi, lucrează
lumina	luminat	lumineze	luminez, luminezi, luminează, luminăm, luminaţi, luminează
lupta	luptat	lupte	lupt, lupţi, luptă, luptăm, luptaţi, luptă

M

maltrata	maltratat	maltrateze	maltratez, maltratezi, maltratează, maltratăm, maltrataţi, maltratează
mărgini	mărginit	mărginească	mărgineşte, mărginesc *(3rd p., sg. and pl.)*
mărita	măritat	mărite	mărit, măriţi, mărită, mărităm, măritaţi, mărită

86

mărturisi	mărturisit	mărturisească	mărturisesc, mărturiseşti, mărturiseşte, mărturisim, mărturisiţi, mărturisesc
merge	mers	meargă	merg, mergi, merge, mergem, mergeţi, merg
mitui	mituit	mituiască	mituiesc, mituieşti, mituieşte, mituim, mituiţi, mituiesc
mînca	mîncat	mănînce	mănînc, mănînci, mănîncă, mîncăm, mîncaţi, mănîncă
se mîndri	mîndrit	mîndrească	mîndresc, mîndreşti, mîndreşte, mîndrim, mîndriţi, mîndresc
minţi	minţit	mintă	mint, minţi, minte, minţim, minţiţi, mint
se mira	mirat	mire	mir, miri, miră, mirăm, miraţi, miră
mirosi	mirosit	miroase	miros, miroşi, miroase, mirosim, mirosiţi, miros
mişca	mişcat	mişte	mişc, mişti, mişcă, mişcăm, mişcaţi, mişcă
mitui	mituit	mituiască	mituiesc, mituieşti, mituieşte, mituim, mituiţi, mituiesc
mîzgăli	mîzgălit	mizgălească	mîzgălesc, mîzgăleşti, mizgăleşte, mîzgălim, mîzgăliţi, mîzgălesc
mobila	mobilat	mobileze	mobilez, mobilezi, mobilează, mobilăm, mobilaţi, mobilează
moşteni	moştenit	moştenească	moştenesc, moşteneşti, moşteneşte, moştenim, moşteniţi, moştenesc
mulge	muls	mulgă	mulg, mulgi, mulge, mulgem, mulgeţi, mulg

mulţumi	mulţumit	mulţumească	mulţumesc, mulţumeşti, mulţumeşte, mulţumim, mulţumiţi, mulţumesc
munci	muncit	muncească	muncesc, munceşti, munceşte, muncim, munciţi, muncesc
muri	mort	moară	mor, mori, moare, murim, muriţi, mor
murmura	murmurat	murmure	murmur, murmuri, murmură, murmurăm, murmuraţi, murmură
muta	mutat	mute	mut, muţi, mută, mutăm, mutaţi, mută

N

naşte	născut	nască	nasc, naşti, naşte, naştem, naşteţi, nasc
nimici	nimicit	nimicească	nimicesc, nimiceşti, nimiceşte, nimicim, nimiciţi, nimicesc
ninge	nins	ningă	ninge
nota	notat	noteze	notez, notezi, notează, notăm, notaţi, notează
număra	numărat	numere	număr, numeri, numără, numărăm, număraţi, numără
numi	numit	numească	numesc, numeşti, numeşte, numim, numiţi, numesc

O

obişnui	obişnuit	obişnuiască	obişnuiesc, obişnuieşti, obişnuieşte, obişnuim, obişnuiţi, obişnuiesc
obosi	obosit	obosească	obosesc, oboseşti, oboseşte, obosim, obosiţi, obosesc
obţine	obţinut	obţină	obţin, obţii, obţine, obţinem obţineţi, obţin

ocupa	ocupat	ocupe	ocup, ocupi, ocupă, ocupăm, ocupaţi, ocupă
odihni	odihnit	odihnească	odihnesc, odihneşti, odihneşte, odihnim, odihniţi, odihnesc
opri	oprit	oprească	opresc, opreşti, opreşte, oprim, opriţi, opresc
oprima	oprimat	oprime(ze)	oprimă (ează) *(3rd p., sg. and pl.)*
ordona	ordonat	ordone	ordon, ordoni, ordonă, ordonăm, ordonaţi, ordonă

P

părăsi	părăsit	părăsească	părăsesc, părăseşti, părăseşte, părăsim, părăsiţi, părăsesc
părea	părut	pară	par, pari, pare, părem, păreţi, par
participa	participat	participe	particip, participi, participă, participăm, participaţi, participă
păsa	păsat	pese	(îmi, îţi, îi, ne, vă, le) pasă
păstra	păstrat	păstreze	păstrez, păstrezi, păstrează, păstrăm, păstraţi, păstrează
păta	pătat	păteze	pătez, pătezi, pătează, pătăm, pătaţi, pătează
păţi	păţit	păţească	păţesc, păţeşti, păţeşte, păţim, păţiţi, păţesc
pătrunde	pătruns	pătrundă	pătrund, pătrunzi, pătrunde, pătrundem, pătrundeţi, pătrund
pensa	pensat	penseze	pensez, pensezi, penseze, pensăm, pensaţi, pensează
petrece	petrecut	petreacă	petrec, peteci, petrece, petrecem, petreceţi, petrec

pica	picat	pice	pică *(3rd p., sg. and pl.)*
pierde	pierdut	piardă	pierd, pierzi, pierde, pierdem, pierdeţi, pierd
pieri	pierit	piară	pier *(3rd p., sg. and pl.)*
plăcea	plăcut	placă	(îmi, îţi, îi, ne, vă, le) plac(e)
planifica	planificat	planifice	planific, planifici, planifică, planificăm, planificaţi, planifică
plănui	plănuit	plănuiască	plănuiesc, plănuieşti, plănuieşte, plănuim, plănuiţi, plănuiesc
plasa	plasat	plaseze	plasez, plasezi, plasează, plasăm, plasaţi, plasează
plăti	plătit	plătească	plătesc, plăteşti, plăteşte, plătim, plătiţi, plătesc
pleca	plecat	plece	plec, pleci, pleacă, plecăm, plecaţi, pleacă
plictisi	plictisit	plictisească	plictisesc, plictiseşti, plictiseşte, plictisim, plictisiţi, plictisesc
plimba	plimbat	plimbe	plimb, plimbi, plimbă, plimbăm, plimbaţi, plimbă
plînge	plîns	plîngă	plîng, plîngi, plînge, plîngem, plîngeţi, plîng
ploua	plouat	plouă	plouă
pluti	plutit	plutească	plutesc, pluteşti, pluteşte, plutim, plutiţi, plutesc
porni	pornit	pornească	pornesc, porneşti, porneşte, pornim, porniţi, pornesc

porunci	poruncit	poruncească	poruncesc, porunceşti, porunceşte, poruncim, porunciţi, poruncesc
potoli	potolit	potolească	potolesc, potoleşti, potoleşte, potolim, potoliţi, potolesc
potrivi	potrivit	potrivească	potivesc, potriveşti, potriveşte, potrivim, potriviţi, potrivesc
povesti	povestit	povestească	povestesc, povesteşti, povesteşte, povestim, povestiţi, povestesc
practica	practicat	practice	practic, practici, practică, practicăm, practicaţi, practică
prăda	prădat	prădeze	prădez, prădezi, prădează, prădăm, prădaţi, prădează
preciza	precizat	precizeze	precizez, precizezi, precizează, precizăm, precizaţi, precizează
predica	predicat	predice	predic, predici, predică, predicăm, predicaţi, predică
preface	prefăcut	prefacă	prefac, prefaci, preface, prefacem, prefaceţi, prefac
prefera	preferat	prefere	prefer, preferi, preferă, preferăm, preferaţi, preferă
pregăti	pregătit	pregătească	pregătesc, pregăteşti, pregăteşte, pregătim, pregătiţi, pregătesc
pregeta	pregetat	pregete	preget, pregeţi, pregetă, pregetaăm, pregetaţi, pregetă
prelucra	prelucrat	prelucreze	prelucrez, prelucrezi, prelucrează, prelucrăm, prelucraţi, prelucrează
prescrie	prescris	prescrie	prescriu, prescrii, prescrie, prescriem, prescrieţi, prescriu

presupune	presupus	presupună	presupun, presupui, presupune, presupunem, presupuneţi, presupun
pretinde	pretins	pretindă	pretind, pretinzi, pretinde, pretindem, pretindeţi, pretind
preţui	preţuit	preţuiască	preţuiesc, preţuieşti, preţuieşte, preţuim, preţuiţi, preţuiesc
prevedea	prevăzut	prevadă	prevăd, prevezi, prevede, prevedem, prevedeţi, prevăd
pricepe	priceput	priceapă	pricep, pricepi, pricepe, pricepem, pricepeţi, pricep
primi	primit	primească	primesc, primeşti, primeşte, primim, primiţi, primesc
prinde	prins	prindă	prind, prinzi, prinde, prindem, prindeţi, prind
privi	privit	privească	privesc, priveşti, priveşte, privim, priviţi, privesc
promova	promovat	promoveze	promovez, promovezi, promovează, promovăm, promovaţi, promovează
pronunţa	pronunţat	pronunţe	pronunţ, pronunţi, pronunţă, pronunţăm, pronunţaţi, pronunţă
provoca	provocat	provoace	provoc, provoci, provoacă, provocăm, provocaţi, provoacă
pune	pus	pună	pun, pui, pune, punem, puneţi, pun
pupa	pupat	pupe	pup, pupi, pupă, pupăm, pupaţi, pupă
purta	purtat	poarte	port, porţi, poartă, purtăm, purtaţi, poartă

putea	putut	poată	pot, poţi, poate, putem, puteţi, pot

R

răci	răcit	răcească	răcesc, răceşti, răceşte, răcim, răciţi, răcesc

rade	ras	radă	rad, razi, rade, radem, radeţi, rad

rămîne	rămas	rămînă	rămîn, rămîi, rămîne, rămînem, rămîneţi, rămîn

răpi	răpit	răpească	răpesc, răpeşti, răpeşte, răpim, răpiţi, răpesc

răsări	răsărit	răsară	răsar (3rd p., sg. and pl.)

răspîndi	răspîndit	răspîndească	răspîndesc, răspîndeşti, răspîndeşte, răspîndim, răspîndiţi, răspîndesc

răspunde	răspuns	răspundă	răspund, răspunzi, răspunde, răspundem, răspundeţi, răspund

răsturna	răsturnat	răstoarne	răstorn, răstorni, răstoarnă, răsturnăm, răsturnaţi, răstoarnă

răsufla	răsuflat	răsufle	răsuflu, răsufli, răsuflă, răsuflăm, răsuflaţi, răsuflă

rătăci	rătăcit	rătăcească	rătăcesc, rătăceşti, rătăceşte, rătăcim, rătăciţi, rătăcesc

se răzgîndi	răzgîndit	răzgîndească	răzgîndesc, răzgîndeşti, răzgîndeşte, răzgîndim, răzgîndiţi, răzgîndesc

recolta	recoltat	recolteze	recoltez, recoltezi, recoltează, recoltăm, recoltaţi, recoltează

recomanda	recomandat	recomande	recomand, recomanzi, recomandă, recomandăm, recomandaţi, recomandă

se referi	referit	refere	refer, referi, referă, referim, referiţi, referă
regreta	regretat	regrete	regret, regreţi, regretă, regretăm, regretaţi, regretă
reînvia	reînviat	reînvieze	reînviez, reînviezi, reînviază, reînviem, reînviaţi, reînviază
releva	relevat	releveze	relevez, relevezi, relevează, relevăm, relevaţi, relevează
relua	reluat	⟩ reia	reiau, reiei, reia, reluăm, reluaţi, reiau
repeta	repetat	repete	repet, repeţi, repetă, repetăm, repetaţi, repetă
respira	respirat	respire	respir, respiri, respiră, respirăm, respiraţi, respiră
reuşi	reuşit	reuşească	reuşesc, reuşeşti, reuşeşte, reuşim, reuşiţi, reuşesc
revedea	revăzut	revadă	revăd, revezi, revede, revedem, revedeţi, revăd
revendica	revendicat	revendice	revendic, revendici, revendică, revendicăm, revendicaţi, revendică
reveni	revenit	revină	revin, revii, revine, revenim, reveniţi, revin
rîde	rîs	rîdă	rîd, rîzi, rîde, rîdem, rîdeţi, rîd
ridica	ridicat	ridice	ridic, ridici, ridică, ridicăm, ridicaţi, ridică
roade	ros	roadă	rod, rozi, roade, roadem, roadeţi, rod
rosti	rostit	rostească	rostesc, rosteşti, rosteşte, rostim, rostiţi, rostesc

ruga	rugat	roage	rog, rogi, roagă, rugăm, rugaţi, roagă
rupe	rupt	rupă	rup, rupi, rupe, rupem, rupeţi, rup

S

saluta	salutat	salute	salut, saluţi, salută, salutăm, salutaţi, salută
salva	salvat	salveze	salvez, salvezi, salvează, salvăm, salvaţi, salvează
sări	sărit	sară	sar, sari, sare, sărim, săriţi, sar
săruta	sărutat	sărute	sărut, săruţi, sărută, sărutăm, sărutaţi, sărută
sătura	săturat	sature	satur, saturi, satură, săturăm, săturaţi, satură
scăpa	scăpat	scape	scap, scapi, scapă, scăpăm, scăpaţi, scapă
schia	schiat	schieze	schiez, schiezi, schiază, schiem, schiaţi, schiază
schimba	schimbat	schimbe	schimb, schimbi, schimbă,. schimbăm, schimbaţi, schimbă
scoate	scos	scoată	scot, scoţi, scoate, scoatem, scoateţi, scot
scrie	scris	scrie	scriu, scrii, scrie, scriem, scrieţi, scriu
scufunda	scufundat	scufunde	scufund, scufunzi, scufundă, scufundăm, scufundaţi, scufundă
scuipa	scuipat	scuipe	scuip, scuipi, scuipă, scuipăm, scuipaţi, scuipă
scula	sculat	scoale	scol, scoli, scoală, sculăm, sculaţi, scoală

sculpta	sculptat	sculpteze	sculptez, sculptezi, sculptează, sculptăm, sculptaţi, sculptează
scurge	scurs	scurgă	scurg, scurgi, scurge, scurgem, scurgeţi, scurg
scutura	scuturat	scuture	scutur, scuturi, scutură, scuturăm, scuturaţi, scutură
scuza	scuzat	scuze	scuz, scuzi, scuză, scuzăm, scuzaţi, scuză
seca	secat	sece	sec, seci, seacă, secăm, secaţi, seacă
semăna	semănat	semene	semăn, semeni, seamănă, semănăm, semănaţi, seamănă
semna	semnat	semneze	semnez, semnezi, semnează, semnăm, semnaţi, semnează
separa	separat	separe	separ, separi, separă, separăm, separaţi, separă
sfătui	sfătuit	sfătuiască	sfătuiesc, sfătuieşti, sfătuieşte, sfătuim, sfătuiţi, sfătuiesc
sfîşia	sfîşiat	sfîşie	sfîşii, sfîşii, sfîşie, sfîşiem, sfîşiaţi, sfîşie
sili	silit	silească	silesc, sileşti, sileşte, silim, siliţi, silesc
simţi	simţit	simtă	simt, simţi, simte, simţim, simţiţi, simt
slăbi	slăbit	slăbească	slăbesc, slăbeşti, slăbeşte, slăbim, slăbiţi, slăbesc
sorbi	sorbit	soarbă	sorb, sorbi, soarbe, sorbim, sorbiţi, sorb
sosi	sosit	sosească	sosesc, soseşti, soseşte, sosim, sosiţi, sosesc

spăla	spălat	spele	spăl, speli, spală, spălăm, spălaţi, spală
sparge	spart	spargă	sparg, spargi, sparge, spargem, spargeţi, sparg
spera	sperat	spere	sper, speri, speră, sperăm, speraţi, speră
spori	sporit	sporească	sporesc, sporeşti, sporeşte, sporim, sporiţi, sporesc
spune	spus	spună	spun, spui, spune, spunem, spuneţi, spun
sta	stat	stea	stau, stai, stă, stăm, staţi, stau
stabili	stabilit	stabilească	stabilesc, stabileşti, stabileşte, stabilim, stabiliţi, stabilesc
stinge	stins	stingă	sting, stingi, stinge, stingem, stingeţi, sting
stîrni	stîrnit	stîrnească	stîrnesc, stîrneşti, stîrneşte, stîrnim, stîrniţi, stîrnesc
străbate	străbătut	străbată	străbat, străbaţi, străbate, străbatem, străbateţi, străbat
se strădui	străduit	străduiască	străduiesc, străduieşti, străduieşte, străduim, străduiţi, străduiesc
străluci	strălucit	strălucească	străluceşte, strălucesc (3rd p., sg. and pl.)
strămuta	strămutat	strămute	strămută (3rd p., sg. and pl.)
strica	stricat	strice	stric, strici, strică, stricăm, stricaţi, strică
striga	stigat	strige	strig, strigi, strigă, strigăm, strigaţi, strigă

strînge	strîns	strîngă	stîng, strîngi, strînge, strîngem, strîngeţi, strîng
studia	studiat	studieze	studiez, studiezi, studiază, studiem, studiaţi, studiază
submina	subminat	submineze	subminez, subminezi, subminează, subminăm, subminaţi, subminează
suferi	suferit	sufere	sufăr, suferi, suferă, suferim, suferiţi, suferă
sufla	suflat	sufle	suflu, sufli, suflă, suflăm, suflaţi, suflă
sui	suit	suie	sui, sui, suie, suim, suiţi, suie
suna	sunat	sune	sun, suni, sună, sunăm, sunaţi, sună
supăra	supărat	supere	supăr, superi, supără, supărăm, supăraţi, supără
suporta			

Ş

şti	ştiut	ştie	ştiu, ştii, ştie, ştim, ştiţi, ştiu

T

trăi	trăit	trăiască	trăiesc, trăieşti, trăieşte, trăim, trăiţi, trăiesc
transpira	transpirat	transpire	transpir, transpiri, transpiră, transpirăm, transpiraţi, transpiră
traversa	traversat	traverseze	traversez, traversezi, traversează, traversăm, traversaţi, traversează

Ţ

ţine	ţinut	ţină	ţin, ţii, ţine, ţinem, ţineţi, ţin

U

uda	udat	ude	ud, uzi, udă, udăm, udaţi, udă
uita	uitat	uite	uit, uiţi, uită, uităm, uitaţi, uită
umbla	umblat	umble	umblu, umbli, umblă, umblăm, umblaţi, umblă
umple	umplut	umple	umplu, umpli, umple, umplem, umpleţi, umplu
unge	uns	ungă	ung, ungi, unge, ungem, ungeţi, ung
uni	unit	unească	unesc, uneşti, uneşte, unim, iniţi, unesc
urca	urcat	urce	urc, urci, urcă, urcăm, urcaţi, urcă
urma	urmat	urmeze	urmez, urmezi, urmează, urmăm, urmaţi, urmează
urmări	urmărit	urmărească	urmăresc, urmăreşti, urmăreşte, urmărim, urmăriţi, urmăresc
usca	uscat	usuce	usuc, usuci, usucă, uscăm, uscaţi, usucă
ustura	usturat	usture	(mă, te, îl / o, ne, vă, îi / le) ustură
uza	uzat	uzeze	uzez, uzezi, uzează, uzăm, uzaţi, uzează

V

vărsa	vărsat	verse	vărs, verşi, varsă, vărsăm, vărsaţi, varsă
vedea	văzut	vadă	văd, vezi, vede, vedem, vedeţi, văd
veni	venit	vină	vin, vii, vine, venim, veniţi, vin

verifica	verificat	verifice	verific, verifici, verifică, verificăm, verificaţi, verifică
vinde	vîndut	vîndă	vînd, vinzi, vinde, vindem, vindeţi, vînd
visa	visat	viseze	visez, visezi, visează, visăm, visaţi, visează
viza	vizat	vizeze	vizez, vizezi, vizează, vizăm, vizaţi, vizează
vorbi	vorbit	vorbească	vorbesc, vorbeşti, vorbeşte, vorbim, vorbiţi, vorbesc
vrea	vrut	vrea	vreau, vrei, vrea, vrem, vreţi, vor

Z

zbura	zburat	zboare	zbor, zbori, zboară, zburăm, zburaţi, zboară
zice	zis	zică	zic, zici, zice, zicem, ziceţi, zic
zîmbi	zîmbit	zîmbească	zîmbesc, zîmbeşti, zîmbeşte, zîmbim, zîmbiţi, zîmbesc

A.2

More Language Coursebooks and Phrasebooks from Hippocrene:

ARABIC FOR BEGINNERS
Dr. Syed Ali
0018   ISBN 0-87052-830-0 $7.95 paper

ELEMENTARY MODERN ARMENIAN
Kevork H. Gulian
0172   ISBN 0-87052-811-4 $8.95 paper

TEACH YOURSELF HINDI
Mohini Rao
0170   ISBN 0-87052-831-9 $7.95 paper

HUNGARIAN BASIC COURSEBOOK
0131   ISBN 0-87052-817-3 $14.95 paper

ROMANIAN CONVERSATION GUIDE
Mihai Miroiu
0153   ISBN 0-87052-803-3 $8.95 paper

SERBO-CROATIAN FOR FOREIGNERS
Slavna Babic
0001   ISBN 0-87052-875-0 $11.95 paper

SPANISH GRAMMAR
0273   ISBN 0-87052-893-9 $8.95 paper

TURKISH PHRASEBOOK
Penelope Jones and Ali Bayram
0760   ISBN 0-87052-872-6 $6.95 paper